미래와 통하는 책

동양북스 외국어
베스트 도서
700만 독자의 선택!

새로운 도서,
다양한 자료
동양북스
홈페이지에서
만나보세요!

www.dongyangbooks.com
m.dongyangbooks.com

※ 학습자료 및 MP3 제공 여부는 도서마다 상이하므로 확인 후 이용 바랍니다.

홈페이지 도서 자료실에서 학습자료 및 MP3 무료 다운로드

PC

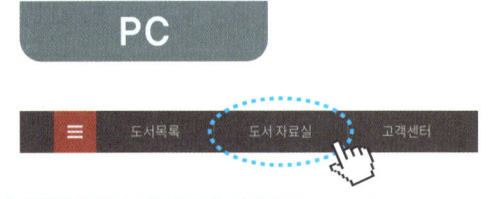

❶ 홈페이지 접속 후 도서 자료실 클릭
❷ 하단 검색 창에 검색어 입력
❸ MP3, 정답과 해설, 부가자료 등 첨부파일 다운로드

　* 원하는 자료가 없는 경우 '요청하기' 클릭!

MOBILE

* 반드시 '인터넷, Safari, Chrome' App을 이용하여 홈페이지에 접속해주세요. (네이버,
　다음 App 이용 시 첨부파일의 확장자명이 변경되어 저장되는 오류가 발생할 수 있습니다.)

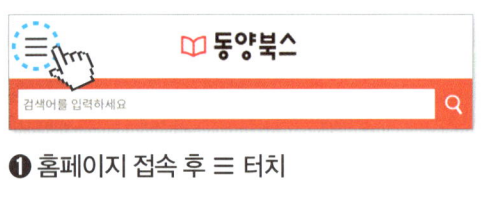

❶ 홈페이지 접속 후 ☰ 터치

❷ 도서 자료실 터치

❸ 하단 검색창에 검색어 입력
❹ MP3, 정답과 해설, 부가자료 등 첨부파일 다운로드

　* 압축 해제 방법은 '다운로드 Tip' 참고

일본어능력시험

일단 합격 JLPT

JLPT

N1 문법

김은영, 와카바야시 와타루 저
JLPT 교재개발연구회 감수

동양북스

일본어능력시험

일단 합격
JLPT N1 문법

초판 4쇄 | 2024년 11월 10일

저　자 | 김은영, 와카바야시 와타루
감　수 | JLPT 교재개발연구회
발행인 | 김태웅
책임 편집 | 길혜진, 이서인
디자인 | 남은혜, 김지혜
마케팅 총괄 | 김철영
온라인 마케팅 | 김은진
제　작 | 현대순

발행처 | ㈜동양북스
등　록 | 제 2014-000055호
주　소 | 서울시 마포구 동교로22길 14 (04030)
구입 문의 | 전화 (02)337-1737　팩스 (02)334-6624
내용 문의 | 전화 (02)337-1762　dybooks2@gmail.com

ISBN 979-11-5768-598-1 18730
　　　979-11-5768-549-3 (세트)

머리말

JLPT N1은 일본어 능력시험의 최고 레벨입니다. 하지만 'N1 합격'이 끝이 아니라 진짜 일본어 공부는 N1부터 시작이라고 할 수 있습니다. 시험의 합격뿐만 아니라 다양한 분야에 응용할 수 있는 진짜 실력을 기르기 위해서는 N1 레벨의 고급 일본어 능력이 필수입니다.

시험의 최근 출제 경향은 암기 위주의 단편적인 문법 문제보다는 전체적인 문장 구조의 이해도를 묻거나 다양한 문법 요소들이 함께 사용된 길고 복합적인 문장 구조를 묻는 응용 문제들이 주로 출제되고 있습니다.

이 책은 그러한 점을 충분히 고려하여

1) 개정 후의 시험을 분석하여 실제 시험에 자주 출제되는 문형을 수록하였습니다.

2) 회화 문형 위주로 출제되는 출제 경향을 반영하여 회화에서 자주 사용되는 필수 문형도 함께 다루었습니다.

3) 문법·독해·청해·어휘의 각 영역별 능력이 골고루 향상될 수 있도록 구성하고, 또한 길고 복합적인 구조의 문장이 출제되는 경향을 반영하여 출제 유형과 가까운 문제를 많이 수록하였습니다.

이 책이 일본어 학습에 많은 도움이 되어 여러분의 일본어 실력이 탄탄하고 균형 있게 향상되기를 바랍니다. 더불어 JLPT의 최고 레벨인 N1 합격과 함께 고득점까지 이루고자 목표를 꼭 달성하시기를 응원합니다.

外国語を勉強する際、皆さんはどのように勉強をしているだろうか。まず文字を覚える。次に語彙力を増やす。そして文法を学び文章の組み立てができるようにする。しかしそれだけでは外国人と心と心の会話はできない。相手の文化を知ってはじめて、相手の立場に立って外国語で会話ができるようになるのだ。

N1の勉強をしている皆さんはそのことに少しずつ気づき始めたのではないだろうか。韓国語で文章を作り、それを日本語に翻訳し、口から発する。確かに意思疎通はできるだろうが、ぎこちない日本語の文章構成になっていることが多い。日本というのはどういう国か。どういう文化や習慣を持つ国かが、理解できれば、日本語の文章や表現の特徴が掴めてくる。

逆に言えば、語学を勉強するということは、相手の国のことについて知る良い機会となる。本やテレビだけでなく、インターネットなど、色々な媒体を通して、相手の国を知ることができる時代だ。今この本を手にしている皆さんは、N1合格に向けて猛勉強中なので、そんな余裕はないのかもしれないが、様々な資料を通して、日本という国について考えてみよう。そうすれば、もっと日本とも、そして日本語とも親しくなれるであろう。

皆さんの健闘を祈る。

2020년 2월　김은영, 와카바야시 와타루

이 책의 구성과 활용법

이 책은 JLPT(일본어능력시험) N1 문법에 대비할 수 있도록 구성된 수험서입니다. 2010년 개정 이후 출제된 문형들을 학습하고 확실하게 복습할 수 있도록 짜여 있습니다. 이 책은 크게 네 개 파트로 이루어집니다. 처음 JLPT 문법 학습을 준비하는 학습자들을 위해 ❶ 유형을 분석하고, ❷ 기출 문법을 살펴본 후 ❸ 본격적인 문법 학습으로 나아갑니다. 문법 학습을 마친 뒤에는 ❹ 실전 형식의 모의고사를 통해 마무리 실력 점검을 할 수 있습니다.

▶ PART 1 유형 공략
시험 유형과 꿀팁을 한눈에!

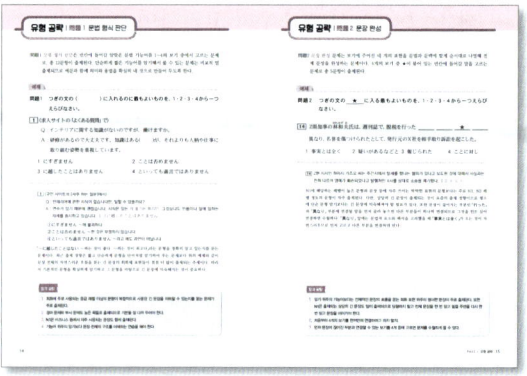

〈PART 1 유형 공략〉에서는 본격적인 학습에 앞서 시험에 출제되는 각 문제 유형을 제시하여 처음 JLPT를 접하는 학습자도 유형에 쉽게 적응할 수 있습니다. 또한 '합격 꿀팁'을 통해 고득점을 위한 비법도 확인할 수 있습니다.

▶ PART 2 기출 공략
지피지기면 백전백승, 기출 문법 정복하기

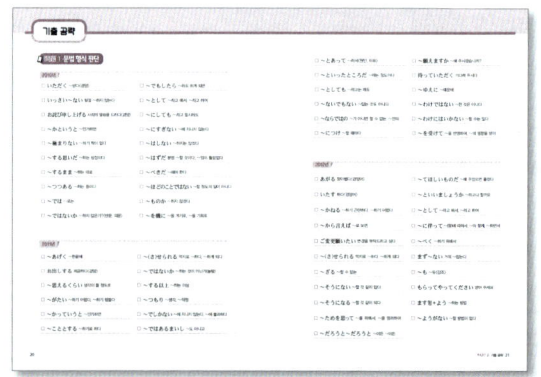

〈PART 2 기출 공략〉에서는 2010년부터 지금까지의 기출 문법을 살펴봅니다. 정답으로 제시되었던 문형뿐만 아니라 기출 문장 속에 포함되었던 중요 표현을 함께 수록하여 더욱 꼼꼼하게 기출 문법을 학습할 수 있습니다.

▶ PART 3 합격 공략

N1 문법 만점을 위한 실력 다지기

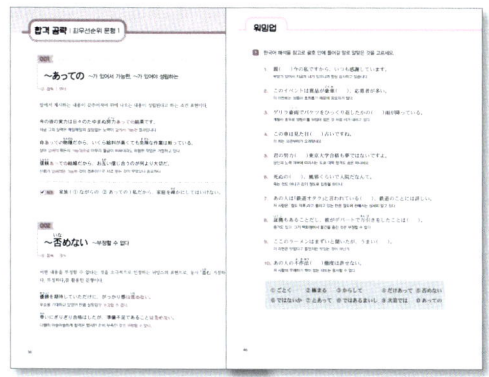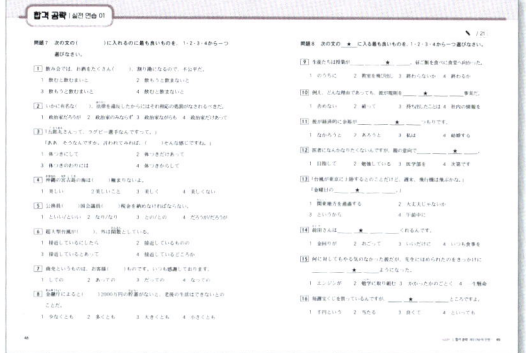

〈PART 3 합격 공략〉에서는 N1 합격을 위한 필수 문형을 이해하고, 확실히 복습할 수 있도록 하였습니다. 각 문형들을 우선 순위별로 분류하여 효과적으로 학습할 수 있으며 각 문형마다 바로바로 체크 문제를 풀어 볼 수 있습니다.

문형 학습을 마친 후에는 워밍업 문제를 통해서 앞에서 배운 문형을 복습합니다. 복습이 끝나면 실제 시험과 동일한 유형의 문제를 풀어 보면서 문법 실력을 탄탄하게 다져 보세요.

▶ PART 4 실전 공략

문법 모의고사 3회분으로 마무리 점검

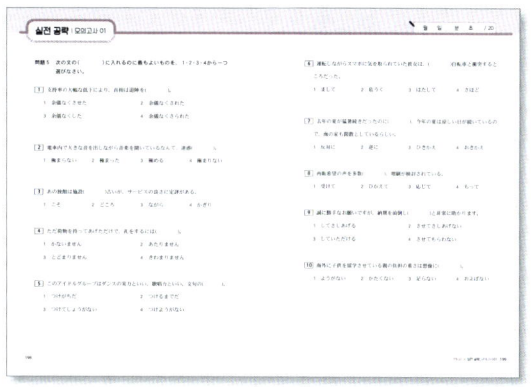

〈PART 4 실전 공략〉에서는 문법 문제로 구성된 모의고사 3회분을 풀이합니다. 실제로 시험을 보는 것처럼 시간을 정해 두고 문제를 풀이하세요. 문제를 다 푸는 데 걸린 시간과 정답의 개수를 기록하면서 시험을 보기 전 마지막으로 실력을 점검합니다.

JLPT(일본어능력시험)란?

❶ JLPT에 대해서

JLPT(Japanese-Language Proficiency Test)는 일본어를 모국어로 하지 않는 사람의 일본어 능력을 측정하고 인정하는 시험으로, 국제교류기금과 재단법인 일본국제교육지원협회가 주최하고 있습니다. 1984년부터 실시되고 있으며 다양화된 수험자와 수험 목적의 변화에 발맞춰 2010년부터 새로워진 일본어 능력시험이 연 2회(7월, 12월) 실시되고 있습니다.

❷ JLPT 레벨과 인정 기준

레벨	과목별 시간		인정 기준
	유형별	시간	
N1	언어지식(문자·어휘·문법) 독해	110분	**기존시험 1급보다 다소 높은 레벨까지 측정** [읽기] 논리적으로 약간 복잡하고 추상도가 높은 문장 등을 읽고, 문장의 구성과 내용을 이해할 수 있으며 다양한 화제의 글을 읽고, 이야기의 흐름이나 상세한 표현의도를 이해할 수 있다. [듣기] 자연스러운 속도의 체계적 내용의 회화나 뉴스, 강의를 듣고, 내용의 흐름 및 등장인물의 관계나 내용의 논리구성 등을 상세히 이해하거나, 요지를 파악할 수 있다.
	청해	60분	
	계	170분	
N2	언어지식(문자·어휘·문법) 독해	105분	**기존시험의 2급과 거의 같은 레벨** [읽기] 신문이나 잡지의 기사나 해설, 평이한 평론 등, 논지가 명쾌한 문장을 읽고 문장의 내용을 이해할 수 있으며, 일반적인 화제에 관한 글을 읽고, 이야기의 흐름이나 표현의도를 이해할 수 있다. [듣기] 자연스러운 속도의 체계적 내용의 회화나 뉴스를 듣고, 내용의 흐름 및 등장인물의 관계를 이해하거나, 요지를 파악할 수 있다.
	청해	50분	
	계	155분	
N3	언어지식(문자·어휘)	105분	**기존시험의 2급과 3급 사이에 해당하는 레벨(신설)** [읽기] 일상적인 화제에 구체적인 내용을 나타내는 문장을 읽고 이해할 수 있으며, 신문의 기사 제목 등에서 정보의 개요를 파악할 수 있다. 일상적인 장면에서 난이도가 약간 높은 문장을 바꿔 제시하며 요지를 이해할 수 있다. [듣기] 자연스러운 속도의 체계적 내용의 회화를 듣고, 이야기의 구체적인 내용을 등장인물의 관계 등과 함께 거의 이해할 수 있다.
	언어지식(문법)·독해		
	청해	40분	
	계	145분	
N4	언어지식(문자·어휘)	95분	**기존시험 3급과 거의 같은 레벨** [읽기] 기본적인 어휘나 한자로 쓰여진, 일상생활에서 흔하게 일어나는 화제의 문장을 읽고 이해할 수 있다. [듣기] 일상적인 장면에서 다소 느린 속도의 회화라면 거의 내용을 이해할 수 있다.
	언어지식(문법)·독해		
	청해	35분	
	계	130분	
N5	언어지식(문자·어휘)	80분	**기존시험 4급과 거의 같은 레벨** [읽기] 히라가나나 가타카나, 일상생활에서 사용되는 기본적인 한자로 쓰여진 정형화된 어구나 문장을 읽고 이해할 수 있다. [듣기] 일상생활에서 자주 접하는 장면에서 느리고 짧은 회화로부터 필요한 정보를 얻어낼 수 있다.
	언어지식(문법)·독해		
	청해	30분	
	계	110분	

❸ 시험 결과의 표시

레벨	득점 구분	인정 기준
N1	언어지식(문자 · 어휘 · 문법)	0~60
	독해	0~60
	청해	0~60
	종합득점	0~180
N2	언어지식(문자 · 어휘 · 문법)	0~60
	독해	0~60
	청해	0~60
	종합득점	0~180
N3	언어지식(문자 · 어휘 · 문법)	0~60
	독해	0~60
	청해	0~60
	종합득점	0~180
N4	언어지식(문자 · 어휘 · 문법) · 독해	0~120
	청해	0~60
	종합득점	0~180
N5	언어지식(문자 · 어휘 · 문법) · 독해	0~120
	청해	0~60
	종합득점	0~180

❹ 시험 결과 통지의 예

다음 예와 같이 ① '득점구분별 득점'과 득점구분별 득점을 합계한 ② '종합득점', 앞으로의 일본어 학습을 위한 ③ '참고정보'를 통지합니다. ③ '참고정보'는 합격/불합격 판정 대상이 아닙니다.

※ 예 N2를 수험한 Y씨의 '합격/불합격 통지서'의 일부 성적 정보(실제 서식은 변경될 수 있습니다.)

① 득점 구분별 득점			② 종합 득점
언어지식 (문자 · 어휘 · 문법)	독해	청해	120/180
50/60	30/60	40/60	

③ 참고 정보	
문자 · 어휘	문법
A	C

A 매우 잘했음 (정답률 67% 이상)
B 잘했음 (정답률 34%이상 67% 미만)
C 그다지 잘하지 못했음 (정답률 34% 미만)

차례

PART 1 유형 공략

PART 2 기출 공략

PART 3 합격 공략

*이 책에 나온 문제의 정답과 해석은 표지의 QR코드를 스캔하거나 동양북스 홈페이지 (www.dongyangbooks.com) 도서 자료실에 접속하면 확인할 수 있습니다.

본 책의 문법 용어

※본 책에서 쓰이고 있는 문법 용어는 다음과 같습니다. 문법의 접속 형태 또는 각 품사의 기본 활용형을 확인하고 싶을 때 아래를 참고하세요.

● 보통형

	명사	な형용사	い형용사	동사
현재	人だ/人である	ひまだ/ひまである	おいしい	休む
부정	人じゃない	ひまじゃない	おいしくない	休まない
과거	人だった	ひまだった	おいしかった	休んだ
과거 부정	人じゃなかった	ひまじゃなかった	おいしくなかった	休まなかった
진행 / 상태 지속				休んでいる 休んでいた 休んでいない 休んでいなかった
가능				休める

● 명사 수식형

	명사	な형용사	い형용사	동사
현재	人の/人である	ひまな/ひまである	おいしい	休む
부정	人じゃない	ひまじゃない	おいしくない	休まない
과거	人だった	ひまだった	おいしかった	休んだ
과거 부정	人じゃなかった	ひまじゃなかった	おいしくなかった	休まなかった
진행 / 상태 지속				休んでいる 休んでいた 休んでいない 休んでいなかった
가능				休める

● **동사의 ます형 / て형 / た형 / ない형**

기본형	ます형	て형	た형	ない형
会_あう	会います	会って	会った	会わない
起_おきる	起きます	起きて	起きた	起きない
する 来_くる	します きます	して きて	した きた	しない こない

● **주요 활용형 정리**

	가능형	ば형(가정형)	의지, 권유형	명령형
동사	行ける 食べられる できる 来_こられる	行けば 食べれば すれば 来_くれば	行こう 食べよう しよう 来_こよう	行け 食べろ しろ 来_こい
い형용사		おいしければ おいしくなければ		
な형용사		ひまなら(ば) ひまじゃなければ		
명사		人なら(ば) 人じゃなければ		

	수동형	사역형	사역수동형
동사	行かれる 食べられる される 来_こられる	行かせる 食べさせる させる 来_こさせる	行かせられる/行かされる 食べさせられる させられる 来_こさせられる
い형용사			
な형용사			
명사			

PART 1

〈PART 1 유형 공략〉에서는 각 문제 유형의 대략적인 개요를 살펴봅니다. 본격
적인 문법 학습에 앞서 문제 유형의 기본적인 정보를 확인합니다. 각각의 문제
에 대해 간단하게 정리해 두었으니 가볍게 읽으며 워밍업을 합니다.

問題1 문법 형식 판단은 빈칸에 들어갈 알맞은 문법 기능어를 1~4의 보기 중에서 고르는 문제로, 총 10문항이 출제된다. 단순하게 짧은 기능어를 암기해서 풀 수 있는 문제는 비교적 덜 출제되므로 예문과 함께 의미와 용법을 확실히 내 것으로 만들어 두도록 한다.

예제

問題1 つぎの文の（　　　　）に入れるのに最もよいものを、1・2・3・4から一つえらびなさい。

1 （求人サイトの「よくある質問」で）

Q：インテリアに関する知識がないのですが、働けますか。

A：研修があるので大丈夫です。知識はある（　　）が、それよりも人柄や仕事に取り組む姿勢を重視しています。

1　にすぎません

2　ことは否めません

3　に越したことはありません

4　といっても過言ではありません

---

1 （구인 사이트의 [자주 하는 질문]에서）

Q : 인테리어에 관한 지식이 없습니다만, 일할 수 있을까요?

A : 연수가 있기 때문에 괜찮습니다. 지식은 있는 게 좋기는 하지만, 그것보다도 인품이나 일에 임하는 자세를 중시하고 있습니다. | ③에 越したことはありません

　①にすぎません ～에 불과하다
　②ことは否めません ～한 것은 부정하지 않습니다.
　④といっても過言ではありません ～라고 해도 과언이 아닙니다.

「～に越したことはない ～하는 것이 좋다, ～하는 것이 최고다」라는 문형을 정확히 알고 있는지를 묻는 문제이다. 최근 출제 경향은 짧고 단순하게 문형을 단어처럼 암기하여 푸는 문제보다 위의 예제와 같이 문장 전체의 자연스러운 흐름을 묻는 긴 문장의 회화체 표현들이 점점 더 많이 출제되는 추세이다. 따라서 기본적인 문형을 확실하게 암기하고 그 문형을 바탕으로 긴 문장에 익숙해지는 것이 중요하다.

합격 꿀팁

1. 회화에 주로 사용되는 중급 레벨 이상의 문형이 복합적으로 사용된 긴 문장을 이해할 수 있는지를 묻는 문제가 주로 출제된다.
2. 경어 문제와 부사 문제도 높은 확률로 출제되므로 기본을 잘 다져 두어야 한다.
3. N1은 비즈니스 등에서 자주 사용되는 문장도 함께 출제된다.
4. 기능어 위주의 암기보다 문장 전체의 구조를 이해하는 연습을 해야 한다.

問題2 문장 완성 문제는 보기에 주어진 네 개의 표현을 문법과 문맥에 맞게 순서대로 나열해 전체 문장을 완성하는 문제이다. 4개의 보기 중 ★이 붙어 있는 빈칸에 들어갈 말을 고르는 문제로 총 5문항이 출제된다.

예제

問題2　つぎの文の＿＿★＿＿に入る最もよいものを、1・2・3・4から一つえらびなさい。

---

14 Z県知事の林和夫氏は、週刊誌で、脱税を行った ＿＿＿＿ ＿＿＿＿ ★ ＿＿＿＿

異なり、名誉を傷つけられたとして、発行元のX社を相手取り訴訟を起こした。

1 事実とは全く　　　2 疑いがあるなどと　3 報じられた　　　4 ことに対し

---

14 Z현 지사인 하야시 가즈오 씨는 주간지에서 탈세를 했다는 혐의가 있다고 보도된 것에 대해서 사실과는 전혀 다르며 명예가 훼손되었다고 발행처인 X사를 상대로 소송을 제기했다. | ② ③ ④ ①

N1에 해당하는 레벨이 높은 문형과 문장 등에 자주 쓰이는 딱딱한 표현의 문형보다는 주로 N2, N3 레벨 정도의 문형이 자주 출제된다. 다만, 상당히 긴 문장이 출제되는 것이 요즘의 출제 경향이므로 평소에 단순 문형 암기보다는 긴 문장에 익숙해져야 할 필요가 있다. 또한 문장이 끊어지는 부분인「行った」와「異なり」부분에 연결될 말을 먼저 골라 놓으면 다른 부분들이 하나씩 연결되므로 그것을 힌트 삼아 연결하면 수월하다.「異なり」앞에는 문법적 요소와 해석을 고려했을 때「事実とは全く」가 오는 것이 자연스러우므로 먼저 고르고 다른 부분을 연결하면 된다.

합격 꿀팁

1. 암기 위주의 기능어보다는 전체적인 문장의 흐름을 묻는 회화 표현 위주의 평이한 문장이 주로 출제된다. 또한 N1은 출제되는 상당히 긴 문장도 많이 출제되므로 당황하지 말고 전체 문장을 한 번 읽고 밑줄 주변을 다시 한 번 읽고 문장을 이어가야 한다.
2. 처음부터 4개의 보기를 한꺼번에 연결하려고 하지 말자.
3. 먼저 문장이 끊어진 부분과 연결할 수 있는 보기를 4개 중에 고르면 문제를 수월하게 풀 수 있다.

問題3 문맥 이해는 빈칸에 들어가는 가장 적당한 말을 고르는 문제로 총 5문항이 출제된다. 단편적인 문법 지식을 묻는 문제에서 벗어나 전체적인 문맥을 파악하고 정확하게 문장의 의미를 이해하고 있는지를 묻는 문제가 출제된다.

예제

問題3 つぎの文章を読んで、文章全体の内容を考えて 17 から 21 の中に入る最もよいものを、 1・2・3・4から一つえらびなさい。

広告主の品位

きょうはＣＭの中身ではなく、ＣＭの出し方について、広告主の人たちにお願いをしたい。

番組の途中にＣＭが 17 。が、モンダイはその入り方のタイミングだ。たとえば、歌やものまねのうまさを競い合う番組の中で、いざ、審査員の点数が出ようとするその直前に、ポンと画面がＣＭが割って入る。あるいは、クイズ番組の中で正解が発表されようとするその瞬間に、サッと画面がＣＭに入れ替わる。ああいうせこいことは 18 。

あれは広告主がやっているわけでなく、番組を作っているテレビ局の人の考えでやっているんだろう。が、それだったら、そういういやらしいＣＭの入れ方はしないでほしいと、テレビ局の人に注文をつけてもらいたい。

19 a 、みんなテレビの前で身を乗り出している瞬間にＣＭを入れれば、見られる 19 b 。 が、わざわざ番組の流れを断ち切り、視聴者の感興をそいでまで強引にＣＭを見せようとするやり方って、さもしくないだろうか。みっともなくないだろうか。

ＣＭのセンスは、企業のセンスのあらわれである。それはＣＭの中身だけでなく、ＣＭの出し方にも言えることだ。せっかくいいＣＭを作っても、ああいう出し方をされると、なんと視聴者をバカにした企業だろうと思われてしまう。いやおうなしに 20 ああいうやり方は、極端に言えば暴力みたいなものであって、消費者を大切に思う企業のやることじゃない。

近ごろハヤリの言葉で言えば、これは企業の「品位」にかかわるモンダイである。 21 a だけじゃない、 21 b だいぶ前から、「品がねえぞ」と怒ってるよ。

17

1　入るのにいい　　　　　　　　2　入るのがいいのか

3　入るのはいい　　　　　　　　4　入るのでいいのか

18

1　やめようと思う　　　　　　　2　やめてほしいのだ

3　やめるのだろうか　　　　　　4　やめられるものではない

19

1　a やはり / b どころだった　　2　a いったい / b のか

3　a といっても / b わけでもない　4　a たしかに / b ことは間違いない

20

1　見させてしまう　　　　　　　2　身を乗り出させる

3　見られてしまう　　　　　　　4　身を乗り出される

21

1　a ぼく / b みんな　　　　　　2　a 広告主 / b みんな

3　a 広告主 / b ぼくも　　　　　4　a ぼく / b 広告主も

---

17 프로그램 도중에 광고가 <u>들어가는 것은 괜찮다</u>. ③ 入るのはいい

18 그런 치사한 일은 <u>그만두기를 바라는 것이다</u>. ② やめてほしいのだ

19 <u>분명</u> 모두 TV앞에서 집중하고 있는 순간에 광고를 넣으면 노출되는 <u>것은 틀림없다</u>. ④ a たしかに / b ことは間違いない

20 <u>무조건 보게 만들어 버리는</u> 그런 방법은 극단적으로 말하면 폭력 같은 것이고…. ① 見させてしまう

21 나 뿐만 아니라 <u>모두</u> 꽤 예전부터 "품위가 없다"라고 화를 내고 있다. ① a ぼく / b みんな

17번은 필자도 프로그램에 광고가 들어가는 것은 이해한다는 의미이므로 "들어가는 것은 괜찮다"가 적합하고, 18번은 집중하고 있는 도중에 원하지도 않는 광고를 보게 만드는 것을 방송국 사람들이 하지 말기를 바란다는 의미로 「~てほしい ~하기를 바란다, ~해 주었으면 좋겠다」가 사용된 2번이 정답이다. 19-a/19-b는 부사와 문형을 함께 묻는 문제로 말하는 사람의 확신을 표현하는 「たしかに~間違いない」를 사용하여 프로그램 도중에 광고를 내보내면 사람들이 그것을 보는 것은 분명한 사실임을 말하는 문장이다. 20번은 방송국이 시청자들에게 원하지도 않는 광고를 보게 만든다는 의미이므로 사역형이 사용된 「見させてしまう」가 정답이다. 21-a/21-b는 품위가 없다고 화를 내는 것은 '나'를 비롯한 '모두'에 해당되는 시청자 쪽이므로 "광고주"가 들어간 보기는 답이 될 수 없다.

합격 꿀팁

1. 문법적인 표현과 더불어 단락과 단락을 잇는 접속사, 문맥상 중요한 역할을 하는 어휘, 조사, 부사 등과 문말 표현도 함께 출제된다.
2. 지시어 관련 문제가 출제되므로 평소 문장을 읽을 때 지시어가 가리키는 내용이 무엇인지를 생각하며 글을 읽는 연습을 하자.

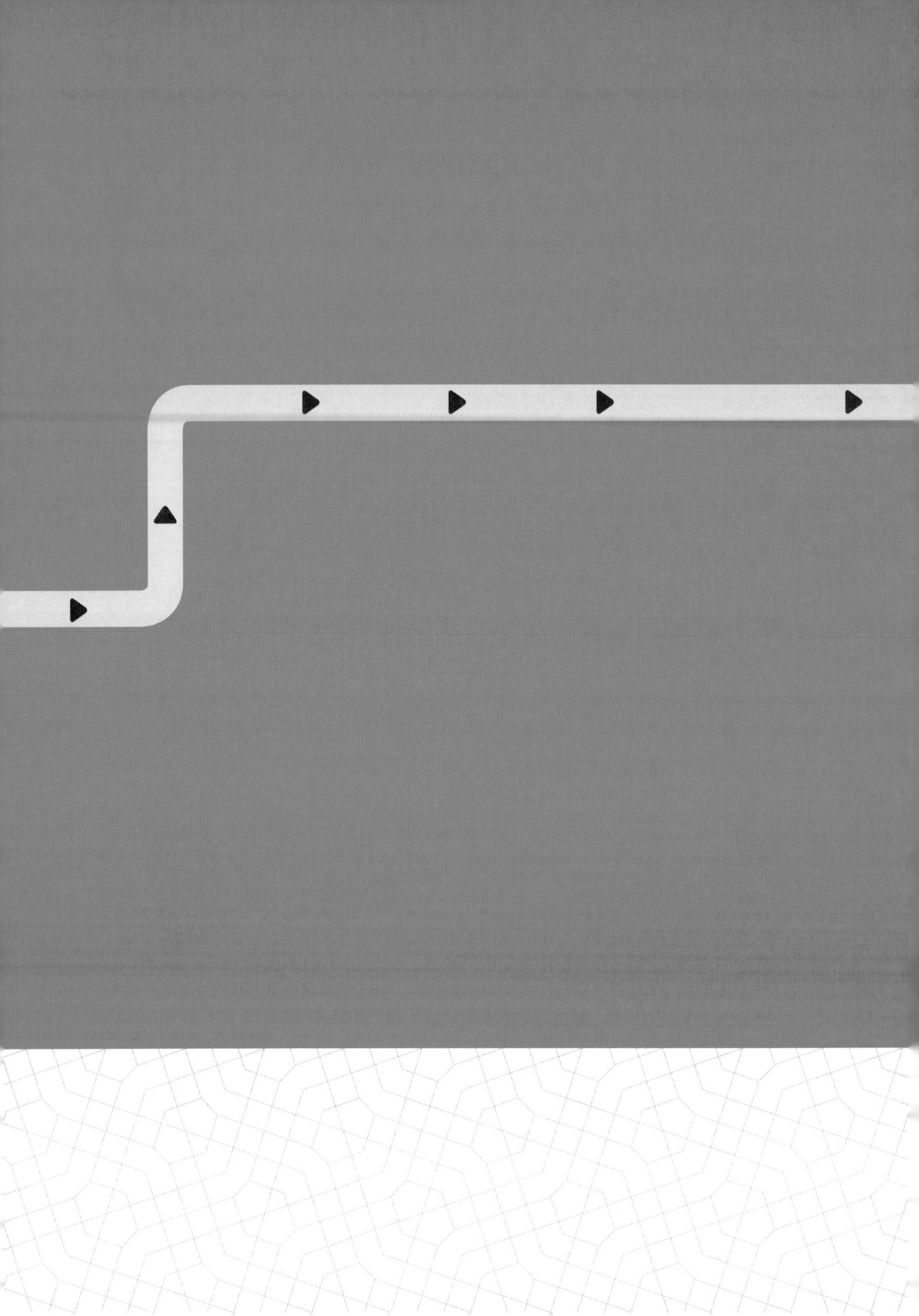

PART 2

〈PART 2 기출 공략〉에서는 각 문제 유형별로 출제되었던 문형을 살펴봅니다. 본격적인 문법 학습에 들어가기 전에 어떤 문형들이 주로 출제되었는지 살펴보고 넘어갑니다.

기출 공략

問題 1 문법 형식 판단

2010년

□ いただく ~받다〈겸양〉

□ いっさい~ない 일절 ~하지 않는다

□ お詫び申し上げる 사죄의 말씀을 드리다〈겸양〉

□ ~かというと ~인가하면

□ ~極まりない ~하기 짝이 없다

□ ~する思いだ ~하는 심정이다

□ ~するまま ~하는 대로

□ ~つつある ~하는 중이다

□ ~では ~로는

□ ~ではないか ~하지 않은가?〈반문, 의문〉

□ ~でもしたら ~라도 하게 되면

□ ~として ~라고 해서, ~라고 하여

□ ~にしても ~라고 할지라도

□ ~にすぎない ~에 지나지 않는다

□ ~はしない ~하지는 않겠다

□ ~はずだ 분명 ~할 것이다, ~임이 틀림없다

□ ~べきだ ~해야 한다

□ ~ほどのことではない ~할 정도의 일이 아니다

□ ~ものか ~하지 않겠다

□ ~を機に ~을 계기로, ~을 기회로

2011년

□ ~あげく ~한끝에

□ お出しする 제공하다〈겸양〉

□ ~思えるくらい 생각이 들 정도로

□ ~がたい ~하기 어렵다, ~하기 힘들다

□ ~かっていうと ~인가하면

□ ~こととする ~하기로 하다

□ ~(さ)せられる 억지로 ~하다, ~하게 되다

□ ~ではないか ~하는 것이 아닌가〈놀람〉

□ ~する以上 ~하는 이상

□ ~つもり ~생각, ~작정

□ ~でしかない ~에 지나지 않는다, ~에 불과하다

□ ~ではあるまいし ~도 아니고

□ 〜とあって 〜라서〈원인, 이유〉

□ 〜願えますか 〜해 주시겠습니까?

□ 〜といったところだ 〜라는 정도이다

□ 待っていただく 기다려 주시다

□ 〜としても 〜라고는 해도

□ 〜ゆえに 〜때문에

□ 〜ないでもない 〜않는 것도 아니다

□ 〜わけではない 〜한 것은 아니다

□ 〜ならではの 〜가 아니면 할 수 없는, 〜만의

□ 〜わけにはいかない 〜할 수는 없다

□ 〜につけ 〜할 때마다

□ 〜を受けて 〜을 반영하여, 〜의 영향을 받아

2012년

□ あがる 찾아뵙다〈겸양어〉

□ 〜てほしいものだ 〜해 주었으면 좋겠다

□ いたす 하다〈겸양어〉

□ 〜といいましょうか 〜라고나 할까요

□ 〜かねる 〜하기 곤란하다, 〜하기 어렵다

□ 〜として 〜라고 해서, 〜라고 하여

□ 〜から言えば 〜로 보면

□ 〜に伴って 〜(함)에 따라서, 〜와 함께, 〜하면서

□ ご変更願いたい 변경을 부탁드리고 싶다

□ 〜べく 〜하기 위해서

□ 〜(さ)せられる 억지로 〜하다, 〜하게 되다

□ まず〜ない 거의 〜않는다

□ 〜ざる 〜할 수 없는

□ 〜も 〜도〈강조〉

□ 〜そうにない 〜할 것 같지 않다

□ もらってやってください 받아 주세요

□ 〜そうになる 〜할 것 같이 되다

□ ます형+よう 〜하는 방법

□ 〜ためを思って 〜을 위해서, 〜을 염려하여

□ 〜ようがない 〜할 방법이 없다

□ 〜だろうと〜だろうと 〜이든 〜이든

기출 공략

- □ おっしゃってくださる 말씀해 주시다〈존경〉
- □ 思われる 생각이 들다, 생각되다
- □ かつ 및, 또한
- □ ～極まりない ～하기 짝이 없다
- □ ご覧になる 보시다〈존경어〉
- □ ～(さ)せてくれる ～하게 해 주다
- □ 存じる 생각하다〈겸양어〉
- □ ～だけでも ～만으로도
- □ ～だけに ～인 만큼(당연히), ～이기 때문에(역시)
- □ ～とあっては ～라서, ～때문에
- □ ～といったらない 정말 ～하다, ～하기 짝이 없다

- □ どうしたものか 어떻게 하면 좋을까?
- □ ～と思いきゃ ～라고 생각했더니
- □ ～とく ～해 두다
- □ ～とするか ～하기로 할까?(결심)
- □ ～に言わせると ～의 의견으로는, ～가 말하기로는
- □ ～にもほどがある ～에도 정도가 있다
- □ はたして～だろうか 과연 ～할까
- □ AをAで終わらせない A를 A만으로 끝내지 않겠다
- □ ～をもって ～로, ～로써

- □ ～して＋まいる ～해 가다〈겸양〉
- □ ～するかしないかのころ 막 ～했을 무렵
- □ それなのに 그런데도〈역접〉
- □ ～たら～で ～하면 ～하는 대로
- □ 頂戴する 받다〈겸양〉
  <small>ちょうだい</small>
- □ ～ておらず ～하지 않고〈상태〉
- □ できる限り 할 수 있는 한

- □ ～てならない ～해서 견딜 수 없다, 너무 ～하다
- □ AというA 모든 A는
- □ ～といっても過言ではない ～라도 해도 과언이 아니다
- □ どうやら 아무래도
- □ ～ないで済む ～하지 않아도 된다, ～하지 않고 해결되다
- □ ～なくはない ～않는 것은 아니다

□ ～にしては ~치고는

□ ～(よ)うとも ~할지라도

□ ～ものを ~텐데, ~했는데

□ ～を受けて ~로 인해, ~의 영향을 받아

□ ～もん ~라니까, ~거든, ~란 말이야

□ ～を最後に ~을 끝으로

□ ～ようがない ~할 방법이 없다

2015년

□ いっさい～ない 일절 ~하지 않는다

□ ～てもはじまらない ~해도 어쩔 수가 없다

□ 大人は大人で 어른은 어른대로

□ ～ないで済む ~하지 않아도 된다, ~하지 않고 해결되다

□ 思い出される 생각이 떠오르다

□ 決して～ない 결코 ~않는다

□ ～なければ～ことはない ~하지 않는다면 ~하는 일은 없다

□ 存じ上げる 알다〈겸양〉

□ ～だけあって ~인 만큼(당연), ~이기 때문에(역시)

□ ～に決まっている ~할 것이 틀림없다, ~하게 되어있다

□ ～だろうか ~한 것일까?

□ ～にしてみれば ~입장에서는

□ ～でいい ~로 좋다, ~면 된다

□ ～べき＋명사 ~해야 할 + 명사

□ ～ていただけると助かります ~해 주시면 좋겠습니다〈겸양〉

□ まるで～ない 전혀 ~않는다

□ ～ものだ ~하구나(감동)

□ ～てからでは ~하고 나서는

□ ～をもって ~로, ~로써

□ ～てしまわないか ~해버리지 않을래

2016년

□ おいでになる 계시다 〈존경어〉

□ ～しかない ~할 수밖에 없다

□ ～させてもらう ~하다 (겸양 표현)

□ ～次第では ~에 따라서는

□ 〜ては 〜하면

□ もっとも 다만

□ 〜てみせる 〜하고야 말겠다, 〜하겠다

□ 〜ものと思われる 〜할 것으로 생각된다(확신)

□ 〜というものではない 〜인 것은 아니다

□ 〜ものの 〜이지만

□ 〜といったところだ 〜정도이다

□ 〜も〜も 〜도 〜도

□ 〜ともなれば・〜ともなると 〜라도 되면 ·〜정도가 되면

□ 〜ゆえに 〜때문에

□ 〜に越したことはない 〜하는 것이 좋다, 〜이 최고다

□ 〜(よ)うと 〜할지라도

□ 〜ように 〜하기를(희망)

□ はたして〜だろうか 과연 〜할까?

□ 〜をよそに 〜에도 아랑곳하지 않고, 〜을 무시하고

□ 〜もしない 〜도 하지 않는다

2017년

□ お+ます형+願う 〜해 주세요, 〜해 주시기 바랍니다

□ 〜とすれば 〜라고 한다면

□ 〜限り 〜하는 한

□ 〜ないまでも 〜하지는 않더라도

□ 〜(が)ゆえに 〜이기에, 〜때문에

□ 〜なんか 〜같은 것

□ 〜切れる 전부(끝까지) 〜할 수 있다

□ なんら〜ない 아무런 〜없다

□ ご説明なさる 설명하시다(존경)

□ 〜において 〜에 있어서

□ 〜(さ)せる 〜시키다, 〜하게 하다(사역)

□ 〜に先立ち 〜에 앞서

□ 〜末に 〜한 끝에

□ 〜ぬく 끝까지 〜하다

□ 〜たつもり 〜한 셈, 〜했다는 생각

□ 〜は否めない 〜은 부정할 수 없다

□ 〜っこない 〜할 리가 없다

□ 〜ばかりとなる 〜하기만 하면 된다

□ 〜つつある 〜하는 중이다

□ 〜ようにする 〜하도록 하다

□ 〜つもり 〜생각, 〜작정

□ 〜んじゃなかった 〜하는 게 아니었다(후회)

□ 〜と+している 〜라고 하고 있다(주장, 생각)

□ 〜んなら(のなら) 〜것이라면

- □ ～(よ)うにも～ない ～하려고 해도 ～할 수 없다
- □ ～おそれがある ～할 우려가 있다
- □ ～かねない ～할 수도 있다, ～하기 쉽다
- □ ～ならではの ～가 아니면 할 수 없는, ～만의
- □ なかなか 꽤(매우), 좀처럼

- □ ～ところだった ～할 뻔했다
- □ ～までになる ～할 정도까지 되다
- □ やってみなきゃ ～해 보지 않으면 (안된다)
- □ ～ておけばいいんだよ ～해 두면 좋다

- □ 危うく～(さ)せられるところだった 하마터면 ～할 뻔했다
- □ ～からって ～이기 때문이라고 해서
- □ 来たり来なかったりだから 오다가 안 오다가 하니까
- □ ～こそ～が (비록) ～은 ～해도, ～은 ～지만
- □ ～ことだから ～하니까, ～이니까
- □ ～じゃない ～잖아?, ～아니야?, ～아닐까?
- □ ～しようとしたとたん(に) ～하려고 하자마자
- □ そう簡単には 그렇게 간단하게는
- □ ～だけに ～한 만큼
- □ ～でもあるまいと思った ～도 아니라고 생각했다
- □ どうやら～ようだ 아무래도 ～인 것 같다

- □ ～とかで ～등의 이유로
- □ ～と存じます〈～と思う의 겸양어〉 ～라고 생각합니다
- □ ～ないとも限らない ～않는다고도 할 수 없다
- □ 가능형＋ないものか ～할 수는 없을까
- □ ～なきゃいけないわけじゃない ～하지 않으면 안 되는 것은 아니다
- □ ～にもなっておらず ～도 되지 못하고
- □ ～べき＋명사 ～해야 할＋명사
- □ ～ようがない ～할 수가 없다
- □ ～を控えて ～을 앞두고
- □ ～を余儀なくされる (어쩔 수 없이) ～하다
- □ ～んじゃなかった ～게 아니었다(후회)

問題 2 문장 완성

2010년

□ **~あっての** ~가 있고 나서야, ~가 있어야 성립하는

□ **~って(という)** ~라는

□ **~からして** ~부터가

□ **~というような** ~와 같은

□ **~からには** ~하는 이상에는

□ **~ならではの** ~가 아니면 할 수 없는, ~만의

□ **~さえ~ば** ~만 ~하면

□ **~によるところが大きい** ~에 의한 바가 크다

□ **~だけあって** ~인 만큼

□ **~(た)ばかりに** ~탓에

2011년

□ **~からといって** ~라고 해서

□ **~として** ~라고 해서, ~라고 하여

□ **~こそ** ~야말로

□ **~となると** ~가 되면

□ **~ごとく** ~처럼, ~같이

□ **~ないように** ~하지 않도록

□ **~だけのことだ** ~하면 되는 일이다

□ **~のみならず** ~뿐만 아니라

□ **~てまで** ~해서까지

□ **~ようがない** ~할 방법이 없다

□ **~と思いきや** ~라고 생각했더니

□ **~わけではない** ~인 것은 아니다

2012년

□ **~(よ)うにも~ない** ~하려고 해도 ~할 수 없다

□ **~しようとしまいと** ~하든 ~말든

□ **~次第だ** ~에 달려있다, ~일 따름이다

□ **~っていう(という)** ~라는

□ **~しようと** ~할지라도

□ **~つもり** ~하는 생각

□ 〜て参る ~해 가다〈겸양〉　　　　□ 〜ばこそ ~이기에, ~때문에(강조)

□ 〜にあって ~에서

2013년

□ 〜(よ)うと ~하더라도, ~일지라도　　□ 〜として ~로서

□ 〜からすれば ~로 보면　　　　　□ 〜ながらも ~하면서도, ~이면서도

□ 〜ぐらい ~정도　　　　　　　　□ 〜によるところが大きい ~에 의한 점이 크다

□ すくなからぬ 적지 않다　　　　　□ 〜のみ ~뿐, ~만

□ それっきり 그것을 끝으로　　　　□ 〜分 ~만큼(정도, 상태)

□ 〜ついでに ~하는 김에　　　　　□ 〜もさることながら ~은 물론이고, ~도 그렇지만

□ 〜というような ~와 같은　　　　□ 〜ものがある ~한 데가 있다

□ 〜ところを見ると ~인 것을 보면

2014년

□ 〜かというと ~인가 하면　　　　□ 〜に至る ~에 이르다

□ 〜からといって ~라고 해서　　　□ 〜にして ~에, ~으로(수량 강조)

□ 〜こそ ~야말로　　　　　　　　□ 〜には ~에게는

□ 〜といったら ~로 말하자면　　　□ 〜までに ~할 정도로

□ 〜とは ~라니　　　　　　　　　□ 〜ようがない ~할 방법이 없다

□ 〜とみられる ~로 보인다　　　　□ 〜ように ~하기를(희망, 의뢰)

□ 〜なくして ~없이　　　　　　　□ 〜をもって ~로, ~로써

2015년

- ☐ ~かもしれない ~할지도 모른다
- ☐ ~ことなく ~하지 않고, ~하는 일 없이
- ☐ ~として ~로서
- ☐ ~との(という) ~라는
- ☐ ~なんて ~라니
- ☐ ~にしても ~라고 하더라도,
- ☐ ~にたえる ~할 만하다

- ☐ ~にとって ~에게 있어서
- ☐ ~には ~하려면, ~하는 경우에는
- ☐ ~への ~으로의
- ☐ ~みたいだ ~인 것 같다
- ☐ ~ものか ~하지 않겠다
- ☐ ~ようにする ~하도록 하다

2016년

- ☐ ~か否か ~인지 아닌지
- ☐ ~切る 전부(끝까지) ~하다
- ☐ ~(さ)せてくれる ~하게 해 주다
- ☐ ~だけでなく ~뿐만 아니라
- ☐ ~たつもり ~한 셈, ~했다는 생각
- ☐ 誰かしら 누구인가, 누구일까

- ☐ ~という ~라는
- ☐ どうだって(=どうでも) 아무래도
- ☐ ~とか ~라든가
- ☐ ~として ~라고 해서, ~라고 하여
- ☐ ~に至る ~에 이르다
- ☐ ~ほど ~정도, ~만큼

2017년

- ☐ ~以上 ~하는 이상
- ☐ ~ことから ~로부터, ~로 인해, ~때문에
- ☐ ~こともあって ~것도 있고

- ☐ ~という ~라는
- ☐ ~として ~로서(자격)
- ☐ ~直す(を)繰り返す ~고치기를 반복하다

□ 〜なくして ~없이

□ 〜はずだ 분명 ~할 것이다, ~임이 틀림없다

□ 〜なりに ~나름대로

□ 〜まじき ~해서는 안 되는

□ 〜にかけては ~에 있어서는, ~에 관한 한

□ 〜ようだ ~한 것 같다

□ 〜によって ~에 의해서

□ 〜わけにはいかない ~할 수는 없다

2018년

□ 〜だけでなく ~뿐만 아니라

□ 〜にあって ~에서

□ 〜たことにする ~던 것으로 하다

□ 〜にして初めて ~가 되고 나서야 비로소

□ 〜ところを ~한 중에, ~한 상황에, ~한데

□ 〜わけにもいかず ~할 수도 없고

2019년

□ 〜がちだ ~하는 경향이 있다, 자주 ~하다

□ 〜だけに ~인 만큼(당연히), ~이기 때문에(역시)

□ 〜かといえば ~하는가 하면

□ できるように 가능하도록

□ 〜からには ~한 이상은

□ 〜ということが ~라는 것이

□ 〜きっかけになれば ~한 계기가 되면

□ 〜としては ~로서는

□ 〜切る/〜切れる 전부(끝까지) ~하다(할 수 있다)

□ 〜なかったりで ~없거나 해서

□ 〜ことは〜だが ~하기는 하지만

□ 〜ならともかく ~라면 몰라도

□ 〜ことなく ~하지 않고, ~하는 일 없이

□ 〜には ~하려면

問題 3 문맥 이해

2010년

- □ 通う人もいるほどだ 다니는 사람도 있을 정도다
- □ つまずいてしまった 좌절해 버렸다
- □ 親しまれることになる 친숙해지게 된다
- □ 対等 대등
- □ ～てしまうだけである ～되어 버릴 뿐이다
- □ 父ではない 아버지가 아니다
- □ そういう父親の子供 그러한 아버지의 자녀
- □ とはいえ 그렇다고는 해도
- □ その結果 그 결과
- □ はたして健全なのだろうか 과연 건전한 것일까?

2011년

- □ あれ以上 그 이후로
- □ たしかに～ことは 분명히 ～라는 것은
- □ 一方 한편
- □ 入るのはいい 들어가는 것은 좋다
- □ 貸したままなのは 빌려 준 채로 있는 것은
- □ ぼく/みんな 나/모두
- □ 君から 너에게서
- □ 見させてしまう 보게 만들어 버리다
- □ ～しましょうか ～할까요?
- □ ～てほしい ～했으면 좋겠다

2012년

- □ 大人 어른
- □ そうだろうか 그럴까?
- □ 思われた 생각하게 되었다
- □ そして 그리고
- □ ～こと ～것
- □ ～ではないか ～가 아닐까?
- □ ～しなければ ～하지 않으면
- □ ～というものである ～인 것이다
- □ そういう 그러한
- □ なぜならば 왜냐하면

□ 朝だと思っていただきたい 아침이라고
생각해 주었으면 좋겠다

□ ～いたっていいんです ～있어도 되는 것입니다

□ いつごろになろうか 언제쯤이 될 것인가?

□ 買ってきましょう 사 옵시다

□ 気が揉めるのである 마음을 졸이게 되는
것이다

□ 気にかかるといっても 신경이 쓰인다고는 해도

□ すると 그러면

□ その上で 그 후에

□ よだれを流して迎えてくれる 침을 흘리며
맞이해 준다

□ 嬉しそうにこういった 기쁜 듯이 이렇게 말했다

□ 彼 그 사람

□ 子供ながらに感じた 어린 마음에 느꼈다

□ 全然悪くなかったのだ 전혀 나쁘지 않았던 것이다

□ そこで 그래서

□ そんな日には 그런 날에는

□ 助かった 도움이 되었다

□ 出会えたと思った 만날 수 있었다고 생각했다

□ ～でもないのかもしれない ～도 아닐지도
모른다

□ ～も ～도

□ 一冊といえる 한 권이라고 말할 수 있다

□ 聞くだけだった 들을 뿐이었다

□ こうして 이렇게 해서

□ 「じゃあね」はないだろう '그럼 잘 가'는
말이 안 되잖아

□ すなわち 즉, 이를테면

□ 育ち続けるに違いない 계속 성장할 것임에
틀림없다

□ そんな彼女の 그러한 그녀의

□ ～である ～이다

□ 当時 당시

□ ～なってきたのだ ～된 것이다

기출 공략

2016년

- ☐ あの ユ
- ☐ あの若者だ 저 젊은이다
- ☐ ～いたらなあ ～있으면 좋을 텐데
- ☐ ～とは限らない ～라고 단정할 수 없다
- ☐ トイレのことだ 배변에 관한 것이다
- ☐ ～ところがである 그런데 말이다
- ☐ 飛び出してきたのだろう 뛰쳐나온 것이겠지
- ☐ ～なのに ～그런데도
- ☐ 認識させられる出来事だった 인식하게 된 일이었다

2017년

- ☐ ある日 어느 날
- ☐ いたいです 있고 싶습니다
- ☐ 思って 생각해서
- ☐ ～が ～이(가)
- ☐ 聞いています 묻고 있습니다
- ☐ ただ 다만, 단
- ☐ ～ていたところでした ～하고 있던 때였습니다
- ☐ ～にとっても ～에게 있어서도
- ☐ 母親に会いたくなって 어머니를 만나고 싶어져서
- ☐ よく思う 자주 생각하다

2018년

- ☐ 一方で ～한편으로
- ☐ ～が ～이지만
- ☐ 消すように 끄도록
- ☐ こうした 이러한
- ☐ その時のことである 그때의 일이다
- ☐ 外すわけにはいかない 제외할 수는 없다
- ☐ 励ます 격려하다
- ☐ 見つけられなかった 찾을 수 없었다
- ☐ 持っているのだ 가지고 있는 것이다
- ☐ やつ 녀석

□ 生まれるからだが 생겨나기 때문이지만

□ しかし 하지만, 그러나

□ その一方で 그런 한편으로

□ なり得ないものだと思う 될 수 없는 것이라고 생각한다

□ 否定するわけではないが 부정하는 것은 아니지만

□ 別の 다른

□ まず 우선

□ もしかすると 어쩌면

□ 分かってくるはずだ 알게 될 것이 분명하다

□ 分かっていれば 알고 있으면

□ 私にとっては 나에게 있어서는

① 문형 학습

N1 문법의 중요 문형을 공부합니다. 시험에 출제되는 중요 문형의
형태와 의미를 중요도 순으로 정리했으니 꼼꼼하게 체크하세요.

② 워밍업

문형 학습을 마친 후에는 간단한 문제를 통해 빠르게 복습해 볼
수 있습니다.

③ 실전 연습

실제 일본어 능력시험(JLPT) N1의 문법 시험과 동일한 형식의
문제를 풀어 보면서 실전에 대비할 수 있습니다.

PART 3

합격
공략

〈PART 3 합격 공략〉에서는 N1 문법의 중요 문형을 공부합니다. 시험에 출제되
는 중요 문형의 형태와 의미를 중요도 순으로 정리했고, 각 문형마다 간단한 체
크 문제를 풀어 볼 수도 있습니다. 문형을 살펴본 다음에는 워밍업을 통해 앞에
서 배운 문형을 복습하고 실전 연습으로 실력을 쌓아 보세요.

001

～あっての ～가 있어서 가능한, ～가 있어야 성립하는

● 접속 | 명사

앞에서 제시하는 내용이 갖추어져야 뒤에 나오는 내용이 성립된다고 하는 조건 표현이다.

今の彼の実力は日々のたゆまぬ努力あっての結果です。

지금 그의 실력은 매일매일의 끊임없는 노력이 있어서 가능한 결과입니다.

命あっての物種だから、いくら給料が高くても危険な作業は断っている。

살아 있어야 뭐든지 가능하므로 아무리 월급이 비싸더라도 위험한 작업은 거절하고 있다.

信頼あっての結婚だから、お互い信じ合うのが何より大切だ。

신뢰가 있어야만 가능한 것이 결혼이므로 서로 믿는 것이 무엇보다 중요하다.

✓ 체크 　家族（ ① ながらの　② あっての ）私だから、家庭を疎かにしてはいけない。

002

～否めない ～부정할 수 없다

● 접속 | 명사

어떤 내용을 부정할 수 없다는 것을 소극적으로 인정하는 뉘앙스의 표현으로, 동사「否む 거절하다, 부정하다」를 활용한 문형이다.

優勝を期待していただけに、がっかり感は否めない。

우승을 기대하고 있었던 만큼 실망감은 부정할 수 없다.

幸いにぎりぎり合格はしたが、準備不足であることは否めない。

다행히 아슬아슬하게 합격은 했지만 준비 부족인 것은 부정할 수 없다.

運動はしているものの、加齢による体力の低下は否めない。

운동은 하고 있지만 노화에 의한 체력 저하는 부정할 수 없다.

✔ 체크　これくらいのことは_____ _____ ★___ _____ 。

　　　① なんて　　② 否めない　　③ 認識の甘さは　　④ 大丈夫だ

003

〜(よ)うが・〜(よ)うと 〜하더라도

● 접속 ｜ 명사·い형용사·な형용사의 추측형/동사의 의지형

앞에서 이야기하는 내용과 상관없이 뒤의 일이 성립된다는 의미이다. 뒷부분에는 말하는 사람의 의지나 평가를 나타내는 표현이 주로 오며, 「いかに」·「どんなに」·「たとえ」·「いくら」·「何と」·「何を」와 같은 강조 표현과 함께 사용되는 경우가 많다. 반대되는 의미의 두 단어를 나열해서 '양쪽 모두 상관없이 같다'라는 의미로 쓰이며, い형용사는 「忙しかろうが」, 명사·な형용사는 「困難だろうが·困難であろうが」의 형태로 사용하므로 다양한 접속형태에 주의해야 한다.

どんなに困難であろうが、私は自分の信じる道を歩んで行きたい。

아무리 곤란하더라도 나는 내가 믿는 길을 걸어가고 싶다.

周囲に反対されようと、私の気持ちは変わりません。

주변에서 반대하더라도 내 마음은 바뀌지 않습니다.

雨だろうと雪だろうと毎日の体操は欠かせない。

비가 오든 눈이 오든 매일 하는 체조는 빼먹지 않는다.

✔ 체크　いくら(① 眠いだろうが　② 眠かろうが)、授業中に居眠りしてはいけません。

〜うが(と)〜まいが(と) 〜하든, 〜하지 않든

● 접속 | 동사의 의지형 (동사의 사전형 まい)

「〜(よ)うが〜まいが」・「〜(よ)うと〜まいと」의 형태로 두 가지 대비되는 상황을 가정하여, '어느 쪽이든 결과는 같다'는 의미를 나타낸다. 어떻게 하는 것이 좋을지 고민하거나 생각할 때는 「〜(よ)うか〜まいか」의 형태를 사용한다. 예 車を持って行こうか行くまいか迷っている。 차를 가지고 갈지 말지로 망설이고 있다.

最善を尽くしてやれば、成功しようとしまいと関係ないのではないか。
최선을 다해서 하면 성공하든 하지 않든 상관없는 것이 아닐까?

世界選手権でメダルを取ろうと取るまいと私はこの試合で引退するつもりです。
세계선수권에서 메달을 따든 따지 못하든 나는 이 시합으로 은퇴할 겁니다.

人が集まろうが集まるまいが公演は予定通り開催します。
사람이 모이든 모이지 않든 공연은 예정대로 개최합니다.

✔ 체크　コンクールに_____ _____ ★_____ _____あなたの自由です。

　　　　1 するまいと　　　2 しようと　　　3 それは　　　4 参加

〜か〜ないかのうちに(ころ) 〜하자마자, 〜하기가 무섭게

● 접속 | 동사의 사전형/동사의 ない형

앞의 동작을 한 직후 거의 동시에 곧바로 다음 일이 생긴다는 의미이다. 실제로 일어난 일을 묘사하므로 의지문·명령문·부정문이 뒤에 올 수 없다.

音楽を始めて2か月経つか経たないかのうちに曲を作りはじめた。
음악을 시작하고 2개월 지나자마자 곡을 만들기 시작했다.

セール中だったので、店をオープンするかしないかのうちに売り切れてしまった。
세일 중이었기 때문에 가게를 열기가 무섭게 품절되어 버렸다.

舞台の幕が開くか開かないかのうちに主役男優と女優が登場した。
무대의 막이 열리자마자 주연 남배우와 여배우가 등장했다.

....

✓ 체크　学生は授業終了のチャイムが_____ ★ _____ _____ 机を片付け始めた。

① かのうちに　　② 鳴るか　　③ 鳴らない　　④ 本を閉じて

006

～からして ～부터가, ～에서부터, ～로 봐서

접속 | 명사

대표적인 예를 들어 그것도 그러하니 다른 것도 그럴 것이라는 예시 표현으로, 주로 부정적인 평가에 사용된다. 또한 어떤 내용에 대한 판단의 근거를 나타낸다.

彼は言い方からして、とても乱暴だ。
그는 말투부터가 매우 난폭하다.

あの会社は社長からしてやる気がないから、社員もしょっちゅう遅刻する。
저 회사는 사장부터가 의욕이 없으니까 사원도 항상 지각한다.

彼女の性格からして、小さなミスも認めないに違いない。
그녀의 성격으로 봐서 작은 실수도 인정하지 않을 것이 분명하다.

....

✓ 체크　空模様(① からして　② からといって)台風が近づいていると分かる。

〜極_{きわ}まる/〜極まりない <small>〜하기 짝이 없다, 매우 〜하다</small>

● 접속 | な형용사의 어간/い형용사+こと

부정적인 감정이나 상태가 극도로 심함을 말할 때 사용한다. 「極まる」의 부정형은 「極まらない」이지만 문형 자체가 「極まりない」의 형태로 사용되므로 주의해야 한다.

信号を無視するなんて、危険極_{きわ}まりない行為だ。
신호를 무시하다니 위험하기 짝이 없는 행동이다.

彼の失礼極まる発言にふだん温厚な先生も激怒_{げきど}した。
그의 너무나 실례되는 발언에 평소 온화한 선생님도 격노했다.

校長先生の演説_{えんぜつ}はいつも長すぎて、退屈極まりない。
교장 선생님의 연설은 항상 너무 길어서 지루하기 짝이 없다.

．．．

☑ 체크　最後の最後で優勝_{ゆうしょう}を逃_{のが}して、残念_{ざんねん}(① 極_{きわ}まらない　② 極まる)。

〜ごとき/〜ごとく <small>〜같은/〜같이, 〜처럼</small>

● 접속 | 명사 (の)/동사의 보통형(かの)

「ごとき＝ような 〜같은」, 「ごとく＝ように 〜같이, 〜처럼」와 같은 의미로 격식을 차린 문장체 표현이다. 또한 '사람+ごとき'의 형태로 자신에 대한 '겸손', 타인에 대한 '경멸이나 무시'를 강조하여 표현할 때 사용한다. 「〜かのごとき」・「〜かのごとく」와 같은 형태로도 자주 사용된다.

下記のごとく、体育祭_{たいいくさい}を実施_{じっし}いたします。
하기와 같이 체육대회를 실시합니다.

私ごとき未熟者に、このような大仕事ができるのでしょうか。

나 같은 미숙한 사람이 이런 큰 일을 할 수 있을까요?

リニアモーターカーは飛ぶかのごとき勢いで走り去った。

자기 부상 열차는 날 듯한 기세로 쏜살같이 사라져 버렸다.

✓ 체크　矢の(① ごとく　② ごとし)時間は流れ、いつの間にか大人になっていた。

009

〜次第で(は)/〜次第だ ~따라서는/~에 달려 있다, ~일 따름이다

접속 | 명사+次第で(は)/次第だ　동사의 보통형·い형용사의 사전형+次第だ

유사표현 | いかんで/いかんだ ~에 따라/~에 달려있다

➕ 플러스　〜次第では/〜次第だ VS ます형+次第

(1) 어떤 중요한 내용을 강조하여 그것에 따라서 상황이 변화될 수도 있다는 의미이다. 이 경우 명사에만 접속한다.

(2) 어떤 일에 대한 이유나 사정을 설명하고 그것으로 인해 이러한 결과가 되었다는 의미이다. 이 경우 동사의 보통형이나 い형용사의 사전형에 접속하며, 문장 끝에서 「次第だ」의 형태로만 사용된다.

選挙の結果次第で、首相交代もあり得る。(1)

선거 결과에 따라서 수상 교체도 있을 수 있다.

人生を楽しめるかどうかは本人の気持ち次第だ。(1)

인생을 즐길 수 있을지 어떨지는 본인의 마음가짐에 달려있다.

またこのような事件が起きて政治家の一人としてお恥ずかしい次第です。(2)

또 이러한 사건이 일어나서 정치가의 한 사람으로 부끄러울 따름입니다.

✓ 체크　契約内容に変更があるので、_____ _____ ★ _____。

　　　① メールで　　　② 次第です　　　③ とりあえず　　　④ お知らせした

～だけあって/～だけに ～인 만큼(당연히), ～이기 때문에(역시)

ー● 접속 |명사/동사·い형용사·な형용사의 명사 수식형

어떤 이유를 설명하고 그에 따른 당연한 결과를 강조하여 말할 때 사용한다. 주로 어떠한 재능이나 노력의 결과, 지위 등을 칭찬할 때 사용한다. 문장 끝에서는「～だけのことはある」의 형태로 사용되며,「さすが 과연」와 함께 쓰일 때가 많다.

さすがに新幹線だけあって、あっという間に着きましたね。
과연 신칸센인 만큼 눈 깜짝할 사이에 도착했네요.

彼女を強く信じていただけに、彼女の行動がなおさらショックだった。
그녀를 굳게 믿고 있었던 만큼 그녀의 행동이 한층 더 충격이었다.

論文が学会で認められた。長年苦労してきただけのことはある。
논문이 학회에서 인정받았다. 오랫동안 고생해 온 만큼의 가치는 있다.

✔ 체크 怠け者の彼(① だけで ② だけに)、おさらいはおろか授業さえ出席しない。

～ではあるまいし ～도 아니고, ～도 아닌데

ー● 접속 |명사/동사 の

원인이나 이유를 나타내는 표현으로 뒷부분에는 충고·명령·판단·권유 등을 나타내는 표현이 온다. 비난의 뉘앙스를 나타내는 경우도 있으므로 윗사람에게 사용할 수 없다.「子供ではあるまいし」가 자주 사용된다.

素人じゃあるまいし、そんな初歩的なミスを繰り返してはいけない。
아마추어도 아니고 그런 초보적인 실수를 반복하면 안 된다.

幼稚園児ではあるまいし、公共の場では静かにしなさい。
유치원생도 아니고 공공장소에서는 조용히 하세요.

お化けが出たんじゃあるまいし、そんなに驚くことないでしょ。

귀신이 나온 것도 아닌데 그렇게 놀랄 것 없잖아.

✔ 체크 _____ _____ ★ _____、この荷物は多すぎると思うよ。

① あるまいし ② わけじゃ ③ 海外に ④ 行く

012

〜のではないか/〜ではないか

〜이 아닌가(추측, 확인)/〜하지 않은가(놀람)

🚩 **접속** | 명사·동사·い형용사·な형용사의 명사수식형 (명사な 접속)

「〜のではないか」는 자신의 의견이나 생각 등을 직접적으로 단언하지 않고 돌려 말할 때 사용하며, 상대방에게 직접적인 대답을 요구하는 것은 아니지만 자신이 이야기한 내용에 대해 의문을 던지는 듯한 뉘앙스를 가진 표현이다. 아마도 그럴 것이라는 추측을 의미하는 「〜のではないか」와 달리 「〜ではないか」는 예상하지 못한 일에 대한 놀람, 비난, 확인 등을 의미한다. 두 문형의 차이를 이해해야 하는 문제가 실제 시험에도 출제되었으므로 주의해야 한다.

毎日日本のドラマを見れば聴解力が向上するのではないでしょうか。

매일 일본 드라마를 보면 청해력이 향상되는 것은 아닐까요.

危機にさらされている時こそ冷静に考えることが必要なのではないか。

위기에 처해있을 때야말로 냉정하게 생각하는 것이 필요한 것이 아닐까?

絶対できないと思ったけど、意外と手芸に才能があったではないか。

절대 할 수 없을 거라 생각했는데 의외로 수예에 재능이 있었다니.(놀람)

✔ 체크 年金だけでは暮らして_____ ★ _____ _____いる。

① ないかと ② いけない ③ 懸念されて ④ のでは

〜と(も) ~해도, ~하더라도

● 접속 | 동사의 의지형/い형용사의 어간 く

좋지 않은 상황에 놓여지더라도 그 상황에 구애 받지 않고 극복해낸다는 의미로 사용된다. 「少なくとも 적어도」·「多くとも 많더라도」와 같이 부사로서도 사용된다.

どんなに辛くとも胸を張って生きろ。
아무리 괴롭더라도 가슴을 펴고 당당하게 살아라.

雨が降ろうと、雪が降ろうと、若林君はスクーターで通勤している。
비가 와도 눈이 와도 와카바야시 군은 스쿠터로 통근하고 있다.

どんな苦難にあおうとも、私はそれを乗り越えられる力を持っている。
어떤 고난을 만난다 하더라도 나는 그것을 극복할 수 있는 힘을 가지고 있다.

✔ 체크　いくら悲しく(① とも　② でも)、絶対涙は流さない。

〜とあって ~라서, ~이기 때문에

● 접속 | 명사·동사·い형용사·な형용사의 보통형(명사·な형용사의 だ)

어떠한 상황에 대해 설명하고, 그 상황으로 인한 결과를 말할 때 사용하는 문장체 표현이다.

HiHi Jetsがやって来るとあって、大勢の人々が待ち受けていた。
HiHi Jets가 온다고 해서 많은 사람들이 목이 빠져라 기다리고 있었다.

今日から連休でお天気がいいとあって、道路は相当渋滞しているらしい。
오늘부터 연휴이고 날씨가 좋아서 도로는 상당히 막히고 있다는 것 같다.

今回のクリムト展では本物の「接吻(Kiss)」が見られるとあって、連日大変な混みようだ。
이번 클림트전에서는 진짜 'Kiss'를 볼 수있기 때문에 연일 매우 붐비고 있다.

. . . .

✔ 체크　本日限定で_____　★_____　_____　_____並んでいます。

　　　　① とあって　　② 店の前に　　③ 多くの人が　　④ 無料

〜というところだ/〜といったところだ 기껏해야 〜정도이다

접속 | 명사

어떠한 내용에 대한 대략적인 판단을 나타낸다. 주로 수량을 나타내는 말과 함께 쓰여 '잘해야 〜이다', '기껏해야 〜정도이다'와 같이 얼마 되지 않는 수량을 나타낼 때 주로 사용된다.

この作品の完成まであと一歩というところですね。
이 작품의 완성까지 앞으로 조금 남은 정도이네요.

バイトしても稼げるのはお小遣い程度というところだ。
아르바이트해도 벌 수 있는 것은 고작 용돈 정도이다.

重要なコンペを控えているので、最近の睡眠時間は4時間といったところです。
중요한 경연대회를 앞두고 있어서 요즘 수면시간은 기껏해야 4시간 정도입니다.

. . . .

✔ 체크　株の取引も、お金に不自由のない彼女には_____　★_____　_____　_____。

　　　　① といった　　② ところだ　　③ 遊び　　④ 単なる

1 한국어 해석을 참고로 괄호 안에 들어갈 말로 알맞은 것을 고르세요.

1. 親（　　）今の私ですから、いつも感謝しています。
   부모가 있어서 지금의 내가 있으니까 항상 감사하고 있습니다.

2. このイベントは賞品が豪華（　　）、応募者が多い。
   이 이벤트는 상품이 호화롭기 때문에 응모자가 많다.

3. ゲリラ豪雨でバケツをひっくり返したかの（　　）雨が降っている。
   게릴라 호우로 양동이를 뒤집어 엎은 것처럼 비가 내리고 있다.

4. この車は見た目（　　）古いですね。
   이 차는 외관부터가 오래됐네요.

5. 君の努力（　　）東京大学合格も夢ではないですよ。
   당신의 노력 여부에 따라서는 도쿄 대학 합격도 꿈은 아니에요.

6. 死ぬの（　　）、風邪くらいで入院だなんて。
   죽는 것도 아니고 감기 정도로 입원을 하다니.

7. あの人は「鉄道オタク」と言われている（　　）、鉄道のことには詳しい。
   저 사람은 「철도 덕후」라고 불리고 있는 만큼 철도에 관해서는 상세히 알고 있다.

8. 証拠もあることだし、彼がデパートで万引きをしたことは（　　）。
   증거도 있고, 그가 백화점에서 물건을 훔친 것은 부정할 수 없다.

9. ここのラーメンはまずいと聞いたが、うまい（　　）。
   이곳 라면은 맛없다고 들었지만 맛있는 것이 아닌가.

10. あの人の不作法（　　）態度は許せない。
    저 사람의 무례하기 짝이 없는 태도는 용서할 수 없다.

---

① ごとく　　② 極まる　　③ からして　　④ だけあって　⑤ 否めない
⑥ ではないか　⑦ とあって　⑧ ではあるまいし　⑨ 次第では　　⑩ あっての

② 힌트를 참고로 괄호 안에 들어갈 알맞은 문형을 찾아 쓰세요.

11. 誰が相手だろう（　　）、負けたら悔しいでしょう。

12. 休んだか休んでいない（　　）のうちに、週末が終わってしまった。

13. 君が家出しようがする（　　）が、僕には関係ないことだ。

14. 明日が雨であろう（　　）なかろうが、文化祭は開かれます。

15. 歩いていくと時間が掛かるとはいえ、せいぜい15分といった（　　）だ。

> **힌트**
> ①ところ　②もの　③こと　④まい　⑤が　⑥と　⑦に　⑧は　⑨か　⑩を

③ 다음 문장을 잘 읽고 괄호 안에 들어갈 말로 알맞은 것을 고르세요.

16. 使い方(① 次第で　② 次第に)凶器(きょうき)になりうるので気を付けてください。

17. 最寄(もよ)り駅が急行停車駅(① のごとき　② だけあって)家賃が高いですね。

18. 彼は性格は悪いが、有能であることは(① 否めない　② 極まりない)。

19. 学生街(① とあって　② をあって)安くてボリュームのある料理を出す店が多い。

20. 私(① ごとし　② ごとき)新人に、このような大きな仕事は無理です。

> **정답**
> **1** ⑩　**2** ⑦　**3** ①　**4** ③　**5** ⑨　**6** ⑧　**7** ④　**8** ⑤　**9** ⑥　**10** ②
> **11** ⑤, ⑥　**12** ⑨　**13** ④　**14** ⑤　**15** ①　**16** ①　**17** ②　**18** ①　**19** ①　**20** ②

問題7　次の文の（　　　　　）に入れるのに最も良いものを、1・2・3・4から一つ
　　　　選びなさい。

1 飲み会では、お酒をたくさん（　　　）、割り勘になるので、不公平だ。

　　1　飲むと飲むまいと　　　　　　　　2　飲もうと飲まないと

　　3　飲もうと飲むまいと　　　　　　　4　飲むと飲まないと

2 いかに有名な（　　）、法律を違反したからにはそれ相応の処罰がなされるべきだ。

　　1　政治家だろうが　　2　政治家のみならず　3　政治家ながらも　4　政治家だけあって

3 「五郎丸さんって、ラグビー選手なんですって。」

　　「ああ、そうなんですか。言われてみれば、（　　　）そんな感じですね。」

　　1　体つきにして　　　　　　　　　　2　体つきだけあって

　　3　体つきのわりには　　　　　　　　4　体つきからして

4 沖縄の宮古島の海は（　　　）極まりないよ。

　　1　美しい　　　　　　2美しいこと　　　3　美しく　　　　　4　美しくない

5 公務員（　　）国会議員（　　　）税金を納めなければならない。

　　1　といい/といい　　2　なり/なり　　　3　との/との　　　4　だろうが/だろうが

6 超大型台風が（　　　）、外は閑散としている。

　　1　接近しているにしたら　　　　　　2　接近しているものの

　　3　接近しているとあって　　　　　　4　接近しているどころか

7 商売というものは、お客様（　　　）ものです。いつも感謝しております。

　　1　しての　　　　　2　あっての　　　　3　だっての　　　　4　なっての

8 金融庁によると（　　　）2000万円の貯蓄がないと、老後の生活はできないとの
　　ことだ。

　　1　少なくとも　　　2　多くとも　　　　3　大きくとも　　　4　小さくとも

問題8　次の文の　＿＿★＿＿　に入る最も良いものを、1・2・3・4から一つ選びなさい。

9 生徒たちは授業が＿＿＿＿ ＿＿＿＿ ＿★＿＿ ＿＿＿＿、昼ご飯を食べに食堂へ向かった。

　　1　のうちに　　　　2　教室を飛び出し　3　終わらないか　4　終わるか

10 例え、どんな理由であっても、彼が規則を＿＿＿＿ ＿★＿ ＿＿＿＿ ＿＿＿＿事実だ。

　　1　否めない　　　　2　破って　　　　　3　持ち出したことは　4　社内の情報を

11 彼が経済的に余裕が＿＿＿＿ ＿＿＿＿ ＿★＿ ＿＿＿＿つもりです。

　　1　なかろうと　　　2　あろうと　　　　3　私は　　　　　4　結婚する

12 医者になんかなりたくないんですが、親の意向で＿＿＿＿ ＿＿＿＿ ＿★＿ ＿＿＿＿。

　　1　目指して　　　　2　勉強している　　3　医学部を　　　4　次第です

13 「台風が東京に上陸するとのことだけど、週末、飛行機は飛ぶかな。」

　　「金曜日の＿＿＿＿ ＿★＿ ＿＿＿＿ ＿＿＿＿。」

　　1　関東地方を通過する　　　　　　　2　大丈夫じゃないか
　　　　かんとう

　　3　というから　　　　　　　　　　　4　午前中に

14 前田さんは＿＿＿＿ ＿★＿ ＿＿＿＿ ＿＿＿＿くれるんです。
　　　まえ　だ

　　1　金回りが　　　　2　おごって　　　　3　いいだけに　　4　いつも食事を

15 何に対してもやる気のなかった彼だが、先生にほめられたのをきっかけに

　　＿＿＿＿ ＿＿＿＿ ＿★＿ ＿＿＿＿ようになった。

　　1　エンジンが　　　2　勉学に取り組む　3　かかったかのごとく　4　一生懸命
　　　　　　　　　べんがく

16 毎週宝くじを買っているんですが、＿＿＿＿ ＿★＿ ＿＿＿＿ ＿＿＿＿ところですよ。

　　1　千円という　　　2　当たる　　　　　3　良くて　　　　4　といっても

問題9　次の文章を読んで、文章全体の内容を考えて 17 から 21 の中に入る最も
　　　　良いものを、1・2・3・4から一つ選びなさい。

　　　三陽商会が苦境から 17 。2015年6月にライセンス契約を終了した英ブランド
「バーバリー」に代わる収益源を見いだせていない。主要販路である百貨店自身の
集客力にも陰りが出ており、収益回復への道筋が一段と描きにくくなっている。

（中略）

　　　不振の背景にあるのが7割近くを占める百貨店向けの低迷だ。売上高の多く
を占めていたバーバリーとの契約を終了後「マッキントッシュ・ロンドン」な
どブランドの育成を急いできたが、バーバリーに比べ顧客訴求力の 18 。バー
バリーがあった時代に1000億円を超えていた売上高は、近年は600億円以下に
落ち込んでいる。

　　　新規顧客の拡大を狙い、20代から30代向けの女性ブランド「キャスト」を立
ち上げた。同社の主要顧客である40～50代から顧客層の拡大を図ったが、計画
を下回ったもようだ。電子商取引経由の販売は順調に 19 、百貨店での不振を
補うまでには至っていない。

　 20 株価も下がり続けている。昨年末に比べても20%安く、同様に百貨店を主要販路
としてきた老舗アパレルのオンワードホールディングスの5%高、ワールドの61%高に比べ
て見劣りする。オンワードは百貨店内に出店する店舗の大量閉鎖を決めた。ワールドは
在庫管理などのノウハウ提供事業も収益源になっており、「脱・百貨店」の進展度合い
が株価の明暗を分けている形だ。

　　　三陽商会はバーバリーに代わるブランドの確保に注力するあまり、衣料品販
路としての百貨店の競争力低下への対応が遅れた経緯がある。「百貨店頼みの構
造を見直さない限り、収益の回復は難しい。」という市場の声に 21 耳を傾ける
必要がありそうだ。

　　　　　　　　　　　　　　　　　　　　出典：日本経済新聞　一部改変

17

1 抜きに出ている　2 抜け出せない　　3 抜けがけている　4 抜きに出ない

18

1 なさが原因というわけではない　　　2 なさとは限らない

3 見劣りは否めない　　　　　　　　　4 見劣りというものでない

19

1 減っていて　　　　　　　　　　　2 増えていて

3 伸びているものの　　　　　　　　4 縮んでいるものの

20

1 ここには　　　　2 これでも　　　3 これからは　　　4 これによって

21

1 至って　　　　　2 改めて　　　　3 もろに　　　　　4 みだりに

016

〜というものだ/〜というものではない

〜라는 것이다/〜하면 되는 것이 아니다

● 접속 | 명사/동사·い형용사의 보통형/な형용사의 어간

「〜というものだ」는 어떤 내용에 대한 말하는 사람의 감상이나 비판을 강조하여 표현할 때 사용하며, 달리 설명할 방법이 없다는 강한 단정 표현이다.
「〜というものではない」는 어떠한 주장이나 생각에 대해 항상 그것이 타당하다고 말할 수는 없다는 의미로, 자신의 주장이나 생각을 부드럽게 돌려 말할 때 사용하며, 「〜ば〜というものではない」의 형태로 자주 사용된다.

新しい人に出会ったり、愛する人と別れたりするのが人生というものだ。
새로운 사람을 만나기도 하고 사랑하는 사람과 헤어지고 하는 것이 인생이라는 것이다.

自分の失敗を人のせいにするなんて、無責任というものだ。
자신의 실수를 남 탓으로 돌리다니 정말 무책임하다.

ただやれば良いというものではない。コツが分かれば簡単にできる。
그냥 하면 되는 것이 아니다. 비법을 알면 간단하게 할 수 있다.

✓ 체크 お金で＿＿＿＿ ＿＿＿＿ ★ ＿＿＿＿よ。本気で謝らなくてはね。

① すむ ② という ③ ものではない ④ 弁償すれば

017

〜といったらない(ありゃしない) 정말 〜하다, 〜하기 짝이 없다

● 접속 | 명사/い형용사의 사전형

어떠한 감정이나 상태를 강조해서 표현할 때 사용한다. 「〜といったらありはしない」·「〜ったらない」 등 다양한 형태로 사용되며, 「〜といったらありはしない」는 부정적인 평가를 하는 경우에 사용한다.

山頂から見た函館の夜景は美しいといったらなかった。
산꼭대기에서 본 하코다테의 야경은 정말로 아름다웠다.

結婚5年にして娘が生まれた時の嬉しさといったらない。

결혼 5년 만에 딸이 태어났을 때는 기쁘기 짝이 없었다.

強盗に包丁で脅迫された時の恐ろしさといったらありはしない。

강도에게 칼로 협박당했을 때는 무섭기 짝이 없었다.

....

✔ 체크　終了5分前に逆転負けするなんて、悔しい(① といったらない　② というものではない)。

018

～と思いきや ～라고 생각했는데

📍 접속 | 명사·동사·い형용사·な형용사의 보통형(か·だろう등)

상식에서 벗어나거나 자신의 생각과는 다른 뜻밖의 결과를 설명할 때 사용한다. 그 결과가 놀랍다는 뉘앙스의 표현이며 문장체에서는 잘 사용하지 않는다.

ファウルだと思いきや、さよならホームランだった。

파울이라고 생각했는데 끝내기 홈런이었다.

待たされるかと思いきや、並んでいる人は人っ子一人いなかった。

기다려야 할 거라 생각했는데 (뜻밖에도) 줄 선 사람이 한 명도 없었다.

静かな人だろうと思いきや、意外と乱暴なところがあった。

조용한 사람이라고 생각했는데 의외로 난폭한 면이 있었다.

....

✔ 체크　関節の動きを見て、本物の人間かと(① 思わず　② 思いきや)人形だった。

PART 3 합격 공략_최우선순위 문형2　53

～との ～라는, ～라고 하는

● 접속 | 명사·동사·い형용사·な형용사의 보통형

주로 언어활동이나 사고활동에 관련된 명사를 수식하며, 타인의 발언이나 생각에 대해서 말할 때 사용한다.「返事(답장)·依頼(의뢰)·意見(의견)·考え(생각)·手紙(편지)·見解(견해)」등의 명사에 함께 자주 사용된다. 명사·な형용사 현재형「だ」는 생략할 수도 있다.

担当部署から計画を見直す必要があるとの報告がありました。
담당부서로부터 계획을 재검토할 필요가 있다는 보고가 있었습니다.

「原発から遠いから安心」との考えは危ない。
'원전에서 머니까 안심'이라고 하는 생각은 위험하다.

ある会社から僕のアイディアを買いたいとの提案がありました。
어떤 회사로부터 나의 아이디어를 사고 싶다고 하는 제안이 있었습니다.

⋯⋯⋯⋯⋯⋯⋯⋯⋯⋯⋯⋯⋯⋯⋯⋯⋯⋯⋯⋯⋯⋯⋯⋯⋯⋯⋯⋯⋯⋯⋯⋯⋯⋯⋯⋯⋯⋯⋯

✓ 체크 友達から急用ができたので、今日会えない(① とは ② との)連絡を受け取った。

～ともなると·～ともなれば ～정도 되면, ～라도 되면, ～쯤 되면

● 접속 | 명사/동사의 사전형

어떤 상황이 되면 당연히 그에 어울리는 결과가 따라올 것이라는 의미로, 특정 상황을 강조할 때 사용한다. 역할·연령·시간 등을 나타내는 명사와 함께 주로 쓰인다.「～になると → ～となると → ～ともなると」로 변화하여 강조 조사「も」를 첨가한 표현이다.

8月は週末ともなると、避暑に行く人で高速道路は大変渋滞する。
8월은 주말쯤 되면 피서를 가는 사람으로 고속도로는 매우 막힌다.

いざ結婚するともなればきれいごとだけじゃ済まされない部分もある。

막상 결혼하게 되면 달콤한 말만으로 끝나지 않는 부분도 있다.

TWICEのコンサートともなれば、応援グッズが良く売れる。

트와이스의 콘서트쯤 되면 응원 상품이 잘 팔린다.

. . . .

✔ 체크　前年度の優勝チーム(① ともなると　② ながらに)、さすがに実力が違う。

〜なくして(は) 〜없이(는), 〜이 없으면

接続 | 명사

유사표현 | 〜なしには 〜없이(는)

제시하는 어떤 것이 없으면 그 상황이 성립되지 않는다는 조건 표현이다. 회화에서는 「〜がなかったら」・「〜がなければ」와 같은 표현으로 사용한다.

証拠なくして、勝手に人を犯人扱いしてはいけません。

증거 없이 멋대로 사람을 범인 취급하면 안 됩니다.

貴社の協力なくしては、新製品の開発はできなかったと思います。

귀사의 협력 없이는 신제품 개발은 불가능했다고 생각합니다.

確実な改善策なくしては、今度のコンペで勝つのは無理だろう。

확실한 개선책이 없으면 이번 경쟁에서 이기는 것은 무리일 것이다.

. . . .

✔ 체크　涙(① なりには　② なくしては)見られないほど、とても悲しい物語でした。

〜ならではの 〜가 아니면 할 수 없는, 〜만의

● 접속 | 명사

고유한 특성을 강조하고 그 특성을 긍정적으로 평가할 때 사용하는 표현으로, 「AならではのB」의 형태로 사용된다.

創業132年の老舗ならではのこだわりが感じられる旅館です。
창업 132년의 노점포만의 고집이 느껴지는 여관입니다.

世界各国にはその国ならではの名産がある。
세계 각국에는 그 나라만의 고유한 특산품이 있다.

ソウルならではの風景といったら何が思い浮かびますか。
서울만의 고유한 풍경이라고 하면 무엇이 떠오릅니까?

✓ 체크   犯人が＿＿＿ ＿＿＿ ★ ＿＿＿場合もある。

① 見つかる   ② ならではの   ③ インターネット   ④ 情報力で

〜にあって 〜에 있어서, 〜한 상황(상태)에서

● 접속 | 명사

「に」・「で」와 같은 의미로, 어떤 특별한 상황에 놓여 있음을 강조하는 표현이다.

異国の地にあって、就労もままならない。
이국 땅에 있으니 취직도 생각처럼 되지 않는다.

国の代表という立場にあって、発言には十分注意してほしい。
나라의 대표라고 하는 입장에 있으므로 발언에는 충분히 주의해 주길 바란다.

機械化^{き かい か}が進んだ現代にあっても、最後に頼れるのは人だと思う。

기계화가 진행된 현대에 있어서도 마지막까지 기댈 수 있는 것은 사람이라고 생각한다.

- -

✔ 체크　自分も大変な状況(① をあって　② にあって)、貧^{まず}しい人たちのために寄付^{き ふ}して
いる。

024

～に至^{いた}って/～に至る/～に至るまで

～에 이르러서/～에 이르다/～에 이르기까지

● 접속 ┃ 명사/동사의 사전형

극단적인 상태에 도달한다는 의미이며, 시간적인 변화로 인해 어떤 시점에 도달했거나 공간적으로
어떤 장소에 도달했음을 말한다.

さんざん悩^{なや}んだ末^{すえ}、今度の計画はとりやめるという結論に至^{いた}った。

엄청나게 고민한 끝에 이번 계획은 그만둔다고 하는 결론에 이르렀다.

社員として入社して社長に至るまでの過程を詳しく述^のべた本です。

사원으로서 입사해서 사장에 이르기까지의 과정을 자세히 적은 책입니다.

赤字^{あか じ}が出るに至って、ようやく経営陣^{けいえいじん}はその原因を探^{さぐ}り始めた。

적자가 나기에 이르러서야 겨우 경영진은 그 원인을 찾기 시작했다.

- -

✔ 체크　彼は過労^{か ろう}で倒れる(① においても　② に至^{いた}っても)、休もうとしません。

～に越したことはない ～하는 것이 좋다, ～해서 나쁠 것이 없다

接続 | 명사である/동사·い형용사의 보통형/な형용사의 어간 (である)

동사「越す 낫다, 더 좋다, 넘다」를 활용한 문형으로, 꼭 그래야 하는 것은 아니지만 상식적으로 생각했을 때 특별히 손해 볼 것도 없으므로 그렇게 하는 편이 좋다는 의미이다.

仕事をする上で、経験はたくさんあるに越したことはない。

일을 함에 있어서 경험은 많이 있는 것이 좋다.

楽しい老後を過ごすために、友達は多いに越したことはない。

즐거운 노후를 보내기 위해서 친구는 많은 것이 좋다.

英語の発音はきれいであるに越したことはないから、毎日練習しよう。

영어 발음은 좋아서 나쁠 것이 없으므로 매일 연습하자.

. . . .

✔ 체크 　安全に関する問題だから、＿＿＿＿ ★ ＿＿＿＿ ＿＿＿＿。

① 確認する　　　② 何度も　　　③ ことはない　　④ に越した

～にして ～에(시간), ～이기 때문에, ～라 할지라도, ～이면서

接続 | 명사

(1) 특정 시기에 도달해서야 겨우 어떤 일이 일어났다는 의미로 주로 나이와 함께 사용된다.
(2) 「～からこそ」와 같이 '～이니까 비로소 ～하다'의 의미로 긍정적인 내용을 강조한다.
(3) 「でも」·「のに」와 같은 역접 표현으로, '～라 할지라도'라는 의미이다.
(4) '～이면서' 라는 의미로, 단순히 비슷한 내용을 나열할 때 사용한다.

人生とは何なのか、60歳にしてはじめて分かった。

인생이 무엇인지 60세가 되고 나서야 비로소 알았다.

この演技は経歴の長い俳優にしてはじめてできることだ。

이 연기는 경력이 긴 배우이기 때문에 비로소 가능한 것이다.

優等生の彼にして解けない問題だから、私に解けるわけがないよ。

우등생인 그조차 풀 수 없는 문제이니까 내가 풀 수 있을 리가 없어.

岡本さんは社長にして有名な詩人でもあります。

오카모토 씨는 사장이면서 유명한 시인이기도 합니다.

✓ 체크　この味はプロのコック(① にして　② でして)はじめて出せる味だ。

027

〜にしてみれば　〜의 입장에서 보면, 〜입장에서

접속 | 명사

유사표현 | 〜にしたら・〜にすれば　〜로서는, 〜입장으로서는

어떤 내용에 대한 누군가의 입장이나 시점 등을 설명할 때 사용한다. 「〜にしてみると・〜にしてみたら」의 형태로도 사용된다.

地元の人にしてみればごみ処理場の建設を反対するのも当然だろう。

지역 사람들의 입장에서는 쓰레기 처리장 건설을 반대하는 것도 당연한 것이다.

外国人にしてみると不思議に思える日本文化もあるはずだ。

외국인의 입장에서 신기하게 생각되는 일본 문화도 분명 있을 것이다.

それは話題にするに足りない事件だが、マスコミにしてみれば大きな問題だったようで、取り立てて報道している。

그것은 화제 삼을 만한 가치가 없는 사건이지만, 매스컴의 입장에서는 큰 문제였던 것처럼 특별히 보도하고 있다.

✓ 체크　_____ _____ ★ _____ _____している娘が心配なんだろう。

　　　　① 海外で　　　② 両親に　　　③ 一人暮らしを　　　④ してみれば

〜にしろ・〜にせよ・〜にしても/〜にしろ〜にしろ

〜라 하더라도, 〜한다 해도

접속 | 명사 (である)/동사·い형용사의 보통형/な형용사의 어간 (である)

앞에서 제시한 내용을 일단 수긍하고 그에 대한 자신의 주장·생각·판단·비난 등을 말할 때 사용한다. 「たとえ 설령」·「いくら 아무리」·「仮に 가령」 등의 표현과 함께 쓰일 때가 많다. 2가지 대상을 나열해서 예를 드는 용법도 있으며 '〜하든, 〜하든/〜도, 〜도'로 해석하면 된다.

結果が期待に及ばないにしろ、そんなにがっかりしないでください。

결과가 기대에 못 미친다 해도 그렇게 실망하지 마세요.

日帰り旅行にせよ、週末は人が多いから予約は必須だ。

당일치기 여행이라 해도 주말에는 사람이 많으니까 예약은 필수이다.

勝つにせよ負けるにせよ正々堂々と最後まで戦いたい。

이기든 지든 정정당당하게 마지막까지 싸우고 싶다.

家族にしても友達にしても頼りにならない時もあります。

가족도 친구도 의지가 되지 않을 때도 있습니다.

✓ 체크   いくら金持ちである(① にしては ② にしろ)、人を見下してはいけない。

〜にたえる/〜にたえない ~할 만한 가치가 있다/차마 ~할 수 없다

접속 | 명사/동사의 사전형

동사 「たえる 견디다」를 활용한 문형으로 「〜にたえる」는 어떤 일을 할 만한 충분한 가치가 있다는 의미이다. 반대로 「〜にたえない」는 불쾌감 등으로 차마 그렇게 할 수 없다는 의미이며, 「〜にたえない」는 「見る」·「聞く」·「読む」 등의 동사와 주로 사용된다.

この絵は素人が描いたにしては、鑑賞にたえるものだ。

이 그림은 아마추어가 그린 것치고는 감상할 만하다.

このドラマは刺激的<ruby>刺激的<rt>しげきてき</rt></ruby>すぎる内容ばかりで、見るにたえません。

요즘 드라마는 지나치게 자극적인 내용뿐이어서 차마 못 보겠습니다.

この<ruby>週刊誌<rt>しゅうかんし</rt></ruby>の記事は読むにたえないほどひどかった。

이 주간지의 기사는 차마 읽을 수 없을 정도로 엉망이었다.

- -

✔ 체크　今度は失敗したが、今までの社員の<ruby>努力<rt>どりょく</rt></ruby>は<ruby>評価<rt>ひょうか</rt></ruby>(① にたえる　② にあたる)。

030

〜にほかならない　바로 〜이다, 〜임에 틀림없다

● 접속 | 명사/동사의 보통형/い형용사의 사전형/な형용사의 어간

제시하는 내용을 강하게 단정하는 표현으로 주로 평론문 등에서 사용된다. い형용사와 동사는 주로 원인을 나타내는 「から」·「ため」·「せい」·「おかげ」 등에 접속하여 사용한다.

お人好しの彼が退社したのは課長の<ruby>嫌<rt>いや</rt></ruby>がらせのせいにほかならない。

사람 좋은 그가 퇴사한 것은 바로 과장의 괴롭힘 때문이다.

<ruby>嫉妬<rt>しっと</rt></ruby>も<ruby>姿<rt>すがた</rt></ruby>を変えた「<ruby>愛<rt>あい</rt></ruby>の<ruby>願望<rt>がんぼう</rt></ruby>」にほかならない。

질투도 형태를 바꾼 '사랑의 소망'임이 틀림없다.

先生があなたに<ruby>厳<rt>きび</rt></ruby>しくするのは<ruby>愛情<rt>あいじょう</rt></ruby>があるからにほかならない。

선생님이 당신에게 엄하게 하는 것은 바로 애정이 있기 때문인 것이다.

- -

✔ 체크　<ruby>経済<rt>けいざい</rt></ruby>が安定したのは国民の＿＿＿＿ ＿＿＿＿ ＿★＿ ＿＿＿＿。

　　　　① たゆまぬ　　　② 結果　　　　③ 努力の　　　④ にほかならない

1 한국어 해석을 참고로 괄호 안에 들어갈 말로 알맞은 것을 고르세요.

1. 30歳（　　　）恋人が出来ました。
30세가 되고 비로소 애인이 생겼습니다.

2. あの人は、相手が同い年（　　　）年上（　　　）、いつもタメ口で話しかけてくる。
저 사람은 상대가 동갑이든 연상이든 항상 반말로 말을 건다.

3. 努力（　　　）成功はありえない。
노력 없이는 성공은 있을 수 없다.

4. 犯人は彼（　　　）だろう。
범인은 그 남자임이 틀림없을 것이다.

5. 地震はいつ起こるかわからないから、備蓄する（　　　）。
지진은 언제 일어날지 알 수 없기 때문에 비축하는 것이 좋다.

6. このレポートは稚拙な文章で書かれているので、読む（　　　）。
이 레포트는 서툰 문장으로 쓰여져 있기 때문에 읽을 만한 가치가 없습니다.

7. 仕事が山のように溜まっていて、忙しい（　　　）ないよ。
일이 산처럼 쌓여 있어서 너무나 바쁘다.

8. 日本が高度経済成長（　　　）の経緯を調べています。
일본이 고도 경제 성장에 이르기까지의 경위를 조사하고 있습니다.

9. 私（　　　）、あなたの行動は嫌がらせとしか思えない。
내 입장에서 보면 당신의 행동은 괴롭힘으로 밖에 생각되지 않는다.

10. 別れよう（　　　）メッセージが、彼女からラインで送られてきました。
헤어지자고 하는 메시지가 그녀로부터 라인으로 보내져 왔습니다.

① にしろ　② にしてみれば　③ にして　④ に至るまで　⑤ にたえません
⑥ にほかならない　⑦ といったら　⑧ との　⑨ に越したことはない　⑩ なくしては

2 힌트를 참고로 괄호 안에 들어갈 알맞은 문형을 찾아 쓰세요.

11. 友達が困っている時には助け合う（　　　）いうものだ。

12. 北海道（　　　）ではの雄大な景色が広がっている。

13. 9月下旬と（　　　）なると富士山は雪化粧を始める。

14. 親の愛があって、今の僕（　　　）至る。

15. 物井さんは独身か（　　　）思いきや、結婚して一児の母だそうですよ。

> **힌트**
>
> ① に　② と　③ を　④ も　⑤ が　⑥ なら　⑦ こそ　⑧ べき　⑨ から　⑩ さえ

3 다음 문장을 잘 읽고 괄호 안에 들어갈 말로 알맞은 것을 고르세요.

16. どんなに天才的な科学者であれ、努力(① にあって　② なくして)新しい発明はできない。

17. 経営状況の悪化(① にあって　② にして)、希望退職を募ることになった。

18. 有名なアーティストが来日する(① ともなれば　② にもなると)空港は多くのファンで溢れかえる。

19. 東京の夏の暑さ(① といったら　② といっても)ありゃしませんよ。

20. お客様からご依頼があった(① としろ　② にせよ)、このような理不尽な要望には応じられない。

> **정답**
>
> 1 ③　2 ①/①　3 ⑩　4 ⑥　5 ⑨　6 ⑤　7 ⑦　8 ④　9 ②　10 ⑧
>
> 11 ②　12 ⑥　13 ④　14 ①　15 ②　16 ②　17 ①　18 ①　19 ①　20 ②

問題7　次の文の（　　　）に入れるのに最も良いものを、1・2・3・4から一つ
　　　選びなさい。

1 津波の発生が予想される時に高台に避難することは、身の安全を（　　　）。

1　確保するためにほかならない　　　　2　確保するためにほかではない

3　確保することにほかにもない　　　　4　確保することにほかでもない

2 奈良（　　　）お土産なら、やはり奈良漬けだ。

1　との　　　　2　からして　　　　3　しかの　　　　4　ならではの

3 海外旅行に（　　　）、旅行者保険に入った。

1　行くに至って　2　行くにして　3　するに至って　4　するにして

4 「岡本君の理想のタイプは？」

　「やっぱり（　　　）よ。」

1　若者に越している　　　　　　　　2　若い人で越えるべきだ

3　若いのを越えている　　　　　　　4　若いに越したことはない

5 学生なのに（　　　）論文を発表しましたね。将来が有望ですね。

1　批評にたえられる　　　　　　　　2　批評にたえる

3　批評にたえない　　　　　　　　　4　批評にたえられない

6 これで交渉がまとまるだろう（　　　）、先方が急に態度を変えてきた。

1　と思いながら　2　と思っただけあって 3　と思いきや　4　と思っても

7 訪日外国人観光客の（　　　）、オーバーツーリズムが問題になっている。

1　減少ならではの　2　増加にあって　3　増減に至って　4　均衡からして

8 一流企業に入社したからといって、それで必ずしも定年まで安心して（　　　）
　ですよ。

1　働けるの　　　　　　　　　　　　2　働けるとの

3　働けるというものではない　　　　4　働けるに越したことはない

問題8　次の文の　★　に入る最も良いものを、1・2・3・4から一つ選びなさい。

9　犬や猫_____ ___★___ _____ _____ことになっています。

　　1　ペットは飼えない　　　　　　　2　インコにしても

　　3　にしても　　　　　　　　　　　4　当マンションでは

10　「もうすぐ、大学を卒業なさるのですね。おめでとうございます。」

　　「_____ ___★___ _____ _____。感謝してもしきれません。」

　　1　卒業できるのも　　　　　　　　2　ご指導のおかげ

　　3　山本教授の　　　　　　　　　　4　にほかなりません

11　鈴本様からお電話がありましたが、_____ ___★___ _____ _____ことでした。

　　1　折り返し　　　　2　電話をくれとの　3　お戻り次第　　4　社長が

12　ずっと落ち続けていましたが、_____ _____ ___★___ _____。

　　1　苦労が報われました　　　　　　2　司法試験に受かり

　　3　今までの　　　　　　　　　　　4　5回目にして

13　皆様のお力添え_____ ___★___ _____ _____と思っております。

　　1　このプロジェクトは　　　　　　2　であろう

　　3　なくしては　　　　　　　　　　4　成功しなかった

14　渋谷はハロウィン___★___ _____ _____ _____困難な状況なんですよ。

　　1　一歩進むのも　　2　ともなると　　3　あふれかえり　　4　仮装した若者で

15　先祖代々110年間続いてきた_____ _____ ___★___ _____だったと思う。

　　1　たたむことは　　　　　　　　　2　老舗の和菓子屋を

　　3　苦渋の決断　　　　　　　　　　4　社長にしてみれば

16　剛田君は_____ _____ ___★___ _____。

　　1　行きたくないよ　　　　　　　　2　聞くにたえないほど

　　3　一緒にカラオケに　　　　　　　4　音痴だから

問題9　次の文章を読んで、文章全体の内容を考えて [17] から [21] の中に入る最も
　　　　良いものを、1・2・3・4から一つ選びなさい。

　　６年間小さな出版社に勤めていた。当初は私一人しか社員がいなかったた
め、原稿の依頼、広告の依頼、編集の補助、進行など、様々な内容の仕事をし
ていたが、私に求められた一番重要な仕事は経理だった。 [17] 幼い頃から数字
が苦手で、「経理の仕事なんてできないわ。」と確信していたのに、入社した会社
での仕事は、それだった。一般的なルートで本を販売せず、地方・小出版流通
センターという所から、大手の取次会社、書店へと納品していた。その扱いが
ない書店に対しては、都内近郊であれば、直接訪問し納品し、地方の書店には
本を梱包して郵便小包で送っていた。

　　また当時はパソコンもないので、全国の取引先書店の配本部数の管理も全て
手書きの帳簿で、その記入は私が [18] のでとても大変であった。本の梱包もし
た。私にはお金の計算よりも、梱包をしている肉体作業の方が、気が楽だっ
た。だんだん取り扱い書店も増えていき、会社からすれば良かったのだが、数
字が苦手な私が帳簿をつけ、それを基に請求書を作り、領収書を出す作業は、
いくらやっても私には [19] だったと思う。でもその時は黙々とやっていた。苦
手だったが、自分なりに最善を尽くす努力をしなくてはいけない。それは私が
お給料をいただく立場だったからである。

　　会社を辞めて作家になってからは、自分のやりたい仕事は自分で選べる。も
ちろん [20] 収入が減ることもあるが、それは自分が納得している。最近は、ブ
ラック企業のようなひどい会社でもないのに、自分の仕事が嫌だと文句を言う
人も多いと聞く。 [21] 「文句を言うな。黙ってやれ。」と言いたくなる。毎月お
給料をいただき、その経験がその人の役に立つのは間違いないのに、文句ばか
り言っている人は、それにさえ気がつけない気の毒な人であると思う。

　　　　　　　　　　　出典：群ようこ『ほどほど快適生活百科』一部改変

17
1 とにかく　　　　2 かろうじて　　　3 つとめて　　　　4 あやうく

18
1 全て任せていた　　　　　　　2 全部任せるわけがなかった

3 ほとんどを任していた　　　　4 一切任されていた

19
1 向けていない仕事　2 向いていない仕事　3 向けてある仕事　4 向いてある仕事

20
1 それにかかわらず　2 それによって　　　3 あれにともなって　4 あれに基づいて

21
1 私にしてみれば　2 私抜きに　　　　3 私にして　　　　4 私からして

031

～ばかりに ～하는 바람에, ～한 탓에

● 접속 | 명사 である/동사의 た형/い형용사·な형용사의 명사 수식형

⊕ 플러스 | ～(た)ばかりに VS ～とばかりに

(1) 어떤 일이 원인이 되어 나쁜 결과를 초래했다는 의미로, 말하는 사람의 유감이나 후회를 나타낸다.

(2) 「～ほしい」·「～たい」와 함께 쓰여 그렇게 하고 싶은 마음이 강해서 평소와는 다른 행동을 한다는 의미로도 사용된다.

階段から転んだばかりに、足に怪我をしてしまった。
계단에서 넘어진 탓에 발에 부상을 입고 말았다.

英語がだめなばかりに就職のいいチャンスを逃してしまった。
영어를 못하는 바람에 취직할 좋은 찬스를 놓쳐 버렸다.

早く結婚したいばかりに、毎週お見合いをしている。
빨리 결혼하고 싶은 나머지 매주 선을 보고 있다.

✓ 체크 　彼女が雨女である(① ばかりで　② ばかりに)、旅行に行くたびに雨が降る。

032

～ばこそ ～이기에, ～때문에

● 접속 | 명사·동사·い형용사·な형용사의 가정형

유사표현 | ～からこそ ～이기 때문에, ～이기에

원인이나 이유를 강조하는 표현으로 그것 이외에는 다른 이유가 없다는 의미이며, 긍정적인 평가를 표현한다. 「～からこそ」와 같은 의미이지만 조금 더 예스런 표현이다.

子供のためを思えばこそ、甘やかしてはいけないです。
아이를 위해서이기 때문에 응석을 받아주면 안 됩니다.

こんな貴重な映像が見られるのはユーチューブならばこそだ。

이런 귀중한 영상을 볼 수 있는 것은 유튜브이기 때문이다.

相手を信頼していればこそ、本音を打ち明けることができるのです。

상대를 신뢰하고 있기 때문에 속마음을 털어놓을 수 있는 것입니다.

....

✅ **체크** 　健康で(① あれば　② なければ)こそ、勉強にも集中できるものです。

033

～べく　～하기 위해, ～하고자

🔵 **접속** │ 동사의 사전형

목적을 가지고 어떤 동작을 한다는 의미로 「~ために」와 같은 의미이지만 딱딱한 느낌의 문장체 표현이다. 「する」는 「するべく」・「すべく」 모두 가능하지만, 「すべく」를 더 많이 사용한다.

マンションを買うべく、貯蓄をしています。

맨션을 사기 위해서 저축을 하고 있습니다.

彼はバイトをしながら、夢を叶えるべく専門学校へ進学した。

그는 아르바이트를 하면서 꿈을 이루기 위해서 전문학교에 진학했다.

彼女は締め切りに合わせるべく、昼夜を問わず小説を書いている。

그녀는 마감에 맞추기 위해 주야를 불문하고 소설을 쓰고 있다.

....

✅ **체크** 　きれいになる(① べく　② べし)、美容整形手術をする人も多くいる。

〜ほどのことではない 〜할 만한 것은 아니다, 〜할 정도의 일은 아니다

● 접속 | 동사의 사전형

어떤 일이 '〜할 정도로' 대단하거나 중요한 일이 아니라는 의미이다.

そんなに深刻に悩むほどのことではないですよ。

그렇게 심각하게 고민할 만한 것은 아니에요.

彼の取った態度は怒るほどのことではないじゃないですか。

그가 취한 태도는 화낼 정도의 것은 아니잖아요.

みんながそうなると予想していた結果だから、驚くほどのことではない。

모두 그렇게 될 거라고 예상하고 있던 결과라 놀랄 만한 것은 아니다.

・・

✓ 체크 彼にとってこれくらいの成績は_____ _____ ★ _____ないと思う。

① 当然で ② ことでは ③ ほどの ④ 自慢する

〜までして/〜てまで 〜까지 해서/〜해서까지

● 접속 | 명사 +までして/동사의 て형+てまで

극단적인 어떤 행동을 강조하는 표현으로, 목적을 위해서 수단·방법을 가리는 않는 것을 비난하려는 의도가 담겨 있는 경우가 많다.

彼は休日出勤までして研究に力を注いでいるようです。

그는 휴일 출근까지 하면서 연구에 힘을 쏟고 있는 것 같습니다.

徹夜してまで準備したのに一瞬のミスで台無しになってしまった。

철야까지 해서 준비했는데 순간의 실수로 엉망이 되어 버렸다.

家族を犠牲にしてまで役員の仕事を優先したくはない。

가족을 희생해서까지 간부의 일을 우선하고 싶지는 않다.

✓ **체크**　人をだますようなこと(① からして　② までして)人気を得たいのですか。

036

～もする/～はする/～もしない/～はしない

～하기도 하다/～하기는 한다/～하지도 않다/～하지는 않다

🔹 접속 ｜ 동사의 ます형

「～もする/～はする」는 어떤 동작을 한다는 것을 강조하며, 「～もしない/～はしない」는 어떤 동작을 하지 않거나 또는 상태가 그렇지 않다고 강조하여 말할 때 사용하는 표현이다.

よく知りもしないくせに、知ったかぶりをしている。

잘 알지도 못하면서 아는 척을 하고 있다.

少し迷いもしたけど、自分の夢を諦めることなんかないと思う。

조금 헤매기도 했지만 자신의 꿈을 포기하는 일 같은 건 없을 거라 생각해.

彼の主張はたくさんの人に受け入れられはしなかった。

그의 주장은 많은 사람들에게 받아들여지지는 않았다.

✓ **체크**　営業業績は_____ _____ __★__ _____解雇されて悔しいです。

　　　① しない　　　② いいのに　　　③ うわさで　　　④ ありも

～ものか・～もんか ～하나 봐라, 절대 ～하지 않을 것이다/～할 수 없을까?

접속 | 동사·い형용사·な형용사의 명사 수식형

⊕ **플러스** | ものか VS ことか

⑴ 어떤 동작을 다시는 하지 않겠다는 강한 부정 의지의 표현이다. 회화에서는 「～もんか」의 형태로도 사용되고, 「～ものですか」의 형태로 정중한 표현으로 사용된다. 주로 남성이 사용한다.

⑵ 동사의 ない형에 접속하여 말하는 사람이 어떤 일이 실현되기를 희망한다고 말할 때 사용한다.

「学校を卒業したら寂しいね。」「寂しいものか。勉強しなくてもいいから、むしろうれしいよ。」⑴
"학교를 졸업하면 쓸쓸하겠네." "절대로 쓸쓸하지 않아. 공부하지 않아도 되니까 오히려 기뻐."

あなたより大切な人はこの世の中にいるものですか。⑴
당신보다 소중한 사람은 이 세상에 없을 거예요.

もう少し納得の行く説明がつけられないものかと頭脳をしぼって考えてみた。⑵
조금 더 납득이 가는 설명을 할 수 없을까 머리를 쥐어짜서 생각해 봤다.

✓ **체크** 今さら謝られてももう遅いよ。許してやる(① ことか ② もんか)。

～ものを ～텐데, ～했는데

접속 | 동사·い형용사·な형용사의 명사 수식형

바람직하지 못한 결과에 대한 유감·불만·후회·비난 등을 담아 말할 때 사용한다. 「～のに」와 같은 의미이며, 「～ば ～ものを」의 형태로 자주 사용된다.

ネットで予約すれば楽なものをわざわざ窓口まで出向いて切符を買った。
인터넷으로 예약하면 편했을 텐데 일부러 창구까지 나가서 표를 샀다.

電話をくだされば空港までお迎えに行ったものを。

전화를 주셨으면 공항까지 마중하러 나갔을 텐데.

セールの時、買えばよかったものを今は値段がぐんと上がってしまった。

세일 때 샀으면 좋았는데 지금은 가격이 많이 올랐다.

✔ 체크 _____ ★ _____ _____を言うからいつも怒られる。

① ものを   ② 何も言わなければ   ③ 余計なこと   ④ 分からない

～(が)ゆえ(に) ~때문에

● 접속 | 명사(である)/동사·い형용사·な형용사의 명사 수식형

원인이나 이유를 나타내는 표현이며, 딱딱한 문장체에서만 사용된다. 「～(が)ゆえの」의 형태로 명사를 수식하며, 「ゆえに」라는 접속사 형태로도 사용된다. 예 我思う、ゆえに我在り。나는 생각한다. 고로 나는 존재한다.

重大な問題であるがゆえに、見過ごすわけにはいきません。

중대한 문제이기 때문에 간과할 수는 없습니다.

今回の殺人事件は相手を憎むゆえの悲劇だ。

이번 살인 사건은 상대를 미워하기 때문에 생긴 비극이다.

貧しいがゆえに、健康は無視され、最低限の保障もされていない人も多い。

가난하기 때문에 건강은 무시되고 최저한의 보장도 받지 못하는 사람도 많다.

✔ 체크   遠い昔のこと(① ゆえ ② こそ)、記憶が定かではありません。

〜ようがない 〜할 수가 없다, 〜할 방법이 없다

● 접속 | 동사의 ます형

어떤 행동을 하고 싶어도 그렇게 할 수 있는 방법이 없다는 의미이다. 더 강조하고 싶을 때는 「〜ようもない」를 쓴다.

パク・ボゴムさんは演技力といい人柄といい、文句のつけようがないです。

박보검 씨는 연기력도 그렇고 인품도 그렇고 흠잡을 데가 없습니다.

あの二人は大喧嘩をして仲の取り戻しようがない。

저 두 사람은 크게 싸워서 화해할 방법이 없다.

悲惨な戦争のなか生まれた子供は奇跡としか言いようがない。

비참한 전쟁 중에 태어난 아이는 기적이라고 밖에 말할 수 없다.

- -

✔ 체크 この作文はあまりにもでたらめで(① 直すべく ② 直しようも)ありません。

〜ようによっては 〜하기에 따라서는

● 접속 | 동사의 ます형

동사의 ます형에 「よう」를 접속하면 '〜하는 방법'이라는 의미가 되고, 그 표현에 「〜によっては 〜에 따라서는」를 덧붙여 앞에서 제시하는 내용에 따라서 뒤의 내용이 바뀔 수도 있다고 하는 의미의 표현이 된다.

考えようによっては、危機も新たなチャンスになることもある。

생각하기에 따라서는 위기도 새로운 찬스가 되기도 한다.

働きようによっては、年末ボーナスが支給されるかもしれない。

일하기에 따라서는 연말 보너스가 지급될 수도 있다.

古物も使いようによっては、何かに役立つかと思います。

중고도 사용하기에 따라서는 무언가에 도움이 될 거라 생각합니다.

- -

✔ 체크 この岩は見ように(① あたっては ② よっては)、人の顔のようにも見える。

042

～を受けて ～로 인해, ~을 반영하여, ~의 영향을 받아

● 접속 │ 명사

동사「受ける 받다, 입다, 당하다」를 활용한 문법으로 어떤 행동이나 상태의 변화에 따른 영향을
설명할 때 사용하는 표현이다.

景気の回復傾向を受けて、今後の雇用率は上がっていくと見られる。

경기 회복 경향의 영향을 받아 향후의 고용률은 올라갈 것으로 보여진다.

取締役会議の結果を受けて計画を立て直すことになった。

임원 회의의 결과를 반영하여 계획을 다시 세우게 되었다.

消費税の引き上げを受けて市の水道料金の改定が予定されている。

소비세의 인상으로 인해 시의 수도 요금 개정이 예정되어 있다.

- -

✔ 체크 原油価格の_____ ★ _____ _____取り組み始めた。

① 受けて   ② 企業は   ③ 高騰を   ④ 省エネに

～を機に ～을 계기로, ～을 기회로

● 접속 | 명사

유사표현 | ～を契機に・～をきっかけに ～을 계기로, ～을 기회로

어떤 일이나 사건이 다른 일의 계기가 된다는 의미이다.

グループ結成30周年を迎えるのを機に5大ドームツアーを開催する。
그룹 결성 30주년을 맞이하는 것을 계기로 5대 돔 투어를 개최한다.

今回の合併を機に両社ともさらに発展していかなければならない。
이번 합병을 기회로 양사 모두 더욱더 발전해 나가야만 한다.

最近は結婚を機に退職する女性はあまりいない。
최근에는 결혼을 계기로 퇴직하는 여성은 별로 없다.

・・

✓ 체크 　就職を(① もって　② 機に)専門知識を深めたいと思っています。

～をもって ～으로, ～로써

● 접속 | 명사

(1) 수단이나 방법을 나타낸다.
(2) 어떤 일이 시작되거나 끝나는 시점이나 기한을 말할 때 사용한다. 「AをもってすればB」의 형태
로 A를 충분히 이용하면 얼마든지 B가 가능하다는 의미로도 사용된다. 예 彼の実力をもって
すれば、合格は間違いない。그의 실력으로라면 합격은 틀림없다.

当せんの結果は、一か月後書面をもってお知らせ致します。(1)
당첨 결과는 1개월 후 서면으로 알려 드리겠습니다.

今回のことで、戦争がどんなに恐ろしいか身をもって感じた。⑴

이번 사건으로 전쟁이 얼마나 무서운지 몸소 느꼈다.

嵐は2020年末をもって活動休止に入ると発表した。⑵

아라시는 2020년 말로 활동 중지에 들어간다고 발표했다.

✔ 체크　当路線は3月31日を(① とって　② もって)、廃止となります。

045

～をよそに　～에도 아랑곳하지 않고, ～을 무시하고

○─ 접속 | 명사

유사표현 | ～(に)もかまわず ～에(도) 상관없이

어떤 내용을 신경 쓰지 않고 행동한다는 의미이다. 주로 「心配 걱정」·「うわさ 소문」·「非難 비난」·「期待 기대」 등과 같은 명사와 함께 사용된다.

彼は私の忠告をよそに、株に手を出して多くの損害を出した。

그는 나의 충고를 무시하고 주식에 손을 대서 크게 손해를 봤다.

国際社会の非難をよそに、人権活動家を弾圧している。

국제사회의 비난에도 아랑곳하지 않고 인권활동가를 탄압하고 있다.

家の外の騒音をよそに、高野さんは集中して勉強している。

집 밖의 소음에도 아랑곳하지 않고 다카노 씨는 집중해서 공부하고 있다.

✔ 체크　卒業後、周囲の心配を(① よそに　② 受けて)中国へ単身留学をした。

1 한국어 해석을 참고로 괄호 안에 들어갈 말로 알맞은 것을 고르세요.

1. アメリカに留学(　　　)、勉強に励んでいます。
미국에 유학하기 위해서 공부에 힘쓰고 있습니다.

2. 佳子さんは、彼と別れた原因を私に話してくれ(　　　)。
요시코 씨는 그와 헤어진 원인을 나에게 이야기해 주지도 않았다.

3. 愛する(　　　)彼女のことを束縛してしまう。
사랑하기 때문에 그녀를 속박해 버린다.

4. ガンが全身に転移し、手の施し(　　　)ありません。
암이 전신으로 전이되어 손을 쓸 수가 없습니다.

5. 20年間使っていた冷蔵庫が壊れたの(　　　)買い替えることにした。
20년간 사용한 냉장고가 고장 난 것을 계기로 새로 사기로 했다.

6. 店内改装のため、12月末を(　　　)一時閉店することになりました。
가게 인테리어 공사 때문에 12월 말로 일시 폐점하게 되었습니다.

7. ネットのニュースって、取り上げる(　　　)ものが多いよ。
인터넷 뉴스는 다룰 만한 내용이 아닌 것이 많아.

8. 友達に借金(　　　)パチンコをするなんて、考え方がおかしいよ。
친구에게 빚을 지면서까지 파친코를 하다니 생각이 이상해.

9. 君に、俺の気持ちなんてわかる(　　　)。
당신은 내 기분 같은 것 절대 알 수 없을 것이다.

10. 香港での混乱(　　　)、台湾でも中国への警戒感が高まっている。
홍콩에서의 혼란으로 인해 대만에서도 중국에의 경계심이 높아지고 있다.

① を受けて　② もちまして　③ を機に　④ がゆえに　⑤ もしなかった
⑥ までして　⑦ ものか　⑧ ほどのことでない　⑨ すべく　⑩ ようが

2 힌트를 참고로 괄호 안에 들어갈 알맞은 문형을 찾아 쓰세요.

11. 無職である(　　)に、まともな家も借りられないので困っている。

12. 全国大会で優勝できたのは、日ごろの練習があれば(　　)です。

13. 黙（だま）っていればわからない(　　)を、あの人はなぜいちいち言うのかな。

14. 道の混（こ）み(　　)によっては、1時間掛かるので、早めに行きましょう。

15. うちの娘は親の心配を(　　)に、夜通（よどお）し渋谷（しぶや）で遊んでいたんですよ。

> **힌트**
>
> ① もの　　② まで　　③ より　　④ よう　　⑤ よそ
> ⑥ から　　⑦ こそ　　⑧ ところ　　⑨ ごとき　　⑩ ばかり

3 다음 문장을 잘 읽고 괄호 안에 들어갈 말로 알맞은 것을 고르세요.

16. 沢尻（さわじり）さんに彼氏がいるか、気に(① ならはする　② なりはする)が聞けないでいる。

17. これくらい(① 寒いもの　② 寒いほど)ですか。ソウルなんか零下（れいか）15度ですよ。

18. 新作の映画を(① 見るべく　② 見べく)、映画館に足を運びました。

19. 宝くじの当せん(① を機に　② 次第では)、新車を購入（こうにゅう）しました。

20. (① それまでして　② そこまでして)お金を稼（かせ）ぎたいですか。

> **♦정답**
>
> 1 ⑨　2 ⑤　3 ④　4 ⑩　5 ③　6 ②　7 ⑧　8 ⑥　9 ⑦　10 ①
> 11 ⑩　12 ⑦　13 ①　14 ④　15 ⑤　16 ②　17 ①　18 ①　19 ①　20 ②

問題7 次の文の(   )に入れるのに最も良いものを、1・2・3・4から一つ
選びなさい。

1　人手不足をAI(   )解消しようという動きが見られる。

　　1　にあって　　　　2　をもって　　　　3　だからこそ　　　4　までして

2　昨夜からの豪雨により、この地域では大規模な被害が出た。(   )自衛隊による
災害派遣活動が行われている。

　　1　これを受けて　　2　それを受けて　　3　あれを受けて　　4　どれを受けて

3　「コンビニでのレンタカー予約サービス開始の件ですが、うまくいくでしょうか。」

　　「あ、その件ですか。(   )よ。」

　　「はい、成功するように頑張りましょう。」

　　1　やるんじゃあるまいし関係ないです　2　やるほどのことではないです

　　3　やりようによってはうまくいきそうです　4　やると思いきややらないそうです

4　(   )、会社内で昇進したくないよ。

　　1　同僚の裏切りともなると　　　　　　　2　同僚の裏切りを機に

　　3　同僚を裏切ってまで　　　　　　　　　4　同僚を裏切ればこそ

5　問題点を指摘(   )、私が改善策を考えなければいけなくなりました。

　　1　しまうゆえで　　　　　　　　　　　2　したはゆえに

　　3　するものゆえに　　　　　　　　　　4　してしまったがゆえに

6　消費期限が過ぎた牛乳を(   )おなかを壊してしまった。

　　1　飲んだばかりに　2　飲むばかりに　　3　飲んでばかりに　4　飲もうばかりに

7　北海道地方で地震が発生しましたが、(   )そうですよ。

　　1　心配するほどのところではない　　2　心配するほどのことではない

　　3　心配するほどにたえる　　　　　　4　心配するにたえない

8　こんなまずいものを出す店なんか、(   )。ここでの食事は今日が最初で最後だ。

　　1　絶対に来ないべきだ　　　　　　　2　もう来るもんか

　　3　二度と来ないものか　　　　　　　4　もう一回来るに越したことはない

問題8　次の文の＿＿★＿＿に入る最も良いものを、1・2・3・4から一つ選びなさい。

9 普段からきちんと＿＿＿＿ ＿★＿ ＿＿＿＿ ＿＿＿＿を取ってしまった。

　1　赤点　　2　勉強していたら　　3　怠けていたので　　4　百点が取れたものを

10 健康＿＿＿＿ ＿＿＿＿ ＿★＿ ＿＿＿＿のです。

　1　楽しい老後が　　2　送れる　　3　であればこそ　　4　好きなことをしながら

11 こんなに＿★＿ ＿＿＿＿ ＿＿＿＿ ＿＿＿＿ね。買い替えた方がいいでしょう。

　1　ありません　　2　さびていたら　　3　部品が　　　　4　もう直しようが

12 新年度が始まった。＿＿＿＿ ＿＿＿＿ ＿★＿ ＿＿＿＿と思っている。

　1　新しい　　　　2　始めようか　　3　これを機に　　4　習い事でも

13 首相は国民の反対＿＿＿＿ ＿★＿ ＿＿＿＿ ＿＿＿＿旨を発表した。

　1　をよそに　　2　容認する　　3　解釈改憲によって　　4　集団的自衛権の行使を

14 ＿＿＿＿ ＿★＿ ＿＿＿＿ ＿＿＿＿が進められている。

　1　間に合わせるべく　　　　　　2　オリンピックに

　3　急ピッチで　　　　　　　　　4　スタジアム建設工事

15 「やはりこの仕事は僕にできそうにもありません。」

　　「＿＿＿＿ ＿★＿ ＿＿＿＿ ＿＿＿＿よ。周りが迷惑するんです。」

　1　できもしないなら　　2　ください　　3　初めから言わないで　　4　やるなんて

16 SNSを悪用した＿＿＿＿ ＿★＿ ＿＿＿＿ ＿＿＿＿SNS教育が盛んに行われている。

　1　相次いでいること　　2　学校教育の場でも　　3　誘拐事件が　　4　を受けて

問題9　次の文章を読んで、文章全体の内容を考えて　17　から　21　の中に入る最も良いものを、1・2・3・4から一つ選びなさい。

　12年間勤めた韓国の高校を離れることになった。父が病気で　17　、故郷である日本に帰ることにしたのだ。月並みな言い方だが、長いようで短い12年であった。

　2005年３月下旬、当時24歳だった私は韓国で仕事をしようと何も考えずに来た。色んな所に履歴書を送り、同年５月から日本語学校に勤務することになった。早朝から授業があったので、皆に大変だねとよく言われた。しかし若かったので　18　。それから3年後の08年2月「外国語高校で日本語のネイティブスピーカーの先生を募集しているから、履歴書を送ってみたら？」と知人に言われたので、さっそく送ってみた。そうしたら学校からすぐに連絡が来て、面接を受けた後、同年３月から働くことになった。

　19　12年間、色々なことがあった。ある年、日本への留学を希望する生徒を対象に政治経済の補習授業をしていた。この授業では話が脱線し、問題文の内容に関連性はあるが、直接試験とは関係のない政治的な話になることがよくあった。そんなある日私が「ごめんね。また話が脱線しちゃったね。早く問題を解こうね。」と話すと、ある生徒に「問題は僕たちが解いて、分からなかった部分だけ先生に聞くので、先生は雑談を続けてください。その雑談からは本には書かれていない本当の日本の姿を知ることができるから、　20　。」と言われた。その時、本当に向学心のある生徒はこのように勉強するのだなと感心させられたものだ。

　その他にも体育祭で綱引きをしたり、文化祭で浴衣を着て踊ったりした。期末試験が終わり、みんなでたこ焼きを作って食べた。こんな様々な思い出の詰まったこの学校とお別れする時が来た。お別れするのは寂しいが、来年は40歳、人生のターニングポイントだと思い、人生の後半戦を　21　、日本で精いっぱい頑張るつもりだ。

17

1 倒れればこそ　　　　　　　2 倒れたのを受けて

3 倒れたにしろ　　　　　　　4 倒れたのをよそに

18

1 苦痛だった　　　　　　　　2 苦い経験をした

3 苦にならなかった　　　　　4 苦労に越したことはなかった

19

1 その後の　　　2 その前の　　　3 その中で　　　4 その間に

20

1 頭に入ってきます　　　　　2 ためになります

3 気にすることができます　　4 足が出ます

21

1 充実したものにするべく　　2 充実しつつあり

3 充実したところ　　　　　　4 充実するほどのことではないので

046

～(よ)うにも～ない ～하려고 해도 ～할 수 없다

● **접속** | 동사의 의지형

하고 싶은 마음은 있지만 사정이 있어서 그렇게 하는 것이 거의 불가능하다는 의미이다. 「言うにも 言えない 말하려 해도 말할 수 없다」·「泣くにも泣けない 울려고 해도 울 수 없다」처럼 예외적으로 동사의 사전형에 접속할 때도 있다.

納期が迫っている上、人手も足りないので、休もうにも休めない。
납기가 바로 앞으로 다가온 데다가 일손도 부족해서 쉬려고 해도 쉴 수가 없다.

あの二人が離婚したのは言うにも言えない事情があったはずだ。
저 두 사람이 이혼한 것은 말하려 해도 말할 수 없는 사정이 있었음이 틀림없어.

家の庭に家庭菜園を作りたいけど、とても狭くて畑を作ろうにも作れない。
집 정원에 가정 채소밭을 만들고 싶은데 너무 좁아서 밭을 만들려고 해도 만들 수 없다.

....

✓ **체크**　ここはとてもうるさくて、落ち着いて(① 勉強しようが　② 勉強しようにも)
できない。

047

～か否か ～인지 아닌지

● **접속** | 명사/동사·い형용사의 보통형/な형용사의 어간

어떤 내용이 그러한지 그렇지 않은지 또는 어떤 동작을 할 것인지 하지 않을 것인지에 대해 이야기 할 때 사용하는 표현이다.

賛成か否かを問う会議です。
찬성인지 아닌지를 묻는 회의입니다.

原発を存続させるか否かをめぐって、国論を二分する論争になっている。

원전을 존속시킬 것인지 아닌지를 둘러싸고 국론을 양분하는 논쟁이 벌어지고 있다.

与えられた情報が正しいか否かを確認しなければならない。

주어진 정보가 올바른지 아닌지를 확인하지 않으면 안된다.

....

✔ 체크　結婚したら親と一緒に住むか(① いなか　② ごとき)でけんかになった。

048

～ことと致す　~하는 것으로 하다(겸양)

● 접속 | 동사의 사전형·ない형

자신의 의지로 결정한 어떤 일에 대한 결과를 말힐 때 사용한다. 「～ことにする」와 같은 의미이지만, 「～ことにする」는 결정에 대한 과정을 말하고 「～ことと致す」는 결정한 결과를 강조할 때 사용하는 점에서 뉘앙스가 다르다.

この案については次回の会議で検討することと致します。

이 안에 대해서는 다음 회의에서 검토하는 걸로 하겠습니다.

誠に勝手ながら、今月を限りに閉店することと致しました。

정말로 멋대로 결정한 일이지만 이번 달을 끝으로 폐점하기로 했습니다.

紛失、盗難などにつきましては責任を負わないことと致します。

분실, 도난 등에 대해서는 책임을 지지 않는 것으로 하겠습니다.

....

✔ 체크　会場への入場の際は、ご本人確認を_____ _____ ★ _____。

　　　　① いただく　　　② 致します　　　③ させて　　　④ ことと

〜ことなしに 〜하지 않고, 〜하는 일 없이

접속 | 동사의 사전형

유사표현 | 〜ことなく 〜하지 않고

(1) 앞에서 제시한 동작을 하지 않으면 뒤의 일은 불가능하다는 의미이다.
(2) 어떤 동작을 하지 않고 다른 동작을 한다는 의미이다.

会員証を提示することなしにここに入場することはできません。(1)
회원증을 제시하지 않고 여기에 입장할 수는 없습니다.

一度も失敗することなしに何かを得ることは出来ない。(1)
한 번도 실패하지 않고 무언가를 얻는 것은 불가능하다.

彼女は明日の面接が気になって一睡もすることなしに、起きていた。(2)
그녀는 내일 면접이 걱정되어 한숨도 자지 않고 깨어 있었다.

✔ **체크** 友人は＿＿＿＿ ＿★＿ ＿＿＿＿ ＿＿＿＿、私にお金を貸してくれた。

① なしに ② 詳しい ③ 聞くこと ④ 事情を

〜ざる 〜하지 않는

접속 | 동사의 ない형

'〜하지 않다'라는 의미의 고어 표현으로서 현재는 「ざる+명사」처럼 정해진 형태로만 사용된다.

過ぎたるは及ばざるが如し。
지나침은 미치지 못함과 같다. (과유불급)

知られ**ざる**アフリカの世界遺産の神秘に迫る。

알려지**지 않은** 아프리카 세계 유산의 신비를 파헤쳐 보다.

経済学に「意図**せざる**結果」という法則があります。

경제학에 '의도**하지 않은** 결과'라고 하는 법칙이 있습니다.

✅ 체크　東京都心部で猿の出没情報が_____ __★__ _____ _____。

　　① 都民からは　　② 言われている　　③ 招かざる客と　　④ 寄せられ

051

～ずにはすまない・～ないではすまない
～하지 않고는 해결되지 않는다, ～해야 한다

●── 접속 ┃ 동사의 ない형

➕ 플러스　～ずにはすまない・～ないではすまない VS ～ずにはおかない・～ないではおかない

사회적인 상식·도덕적 기준·장소·상황을 고려했을 때 그렇게 하지 않으면 일이 해결되지 않는다는 의미이다. 소극적이고 수동적인 표현이다.

彼を傷付けてしまったのなら、謝罪**せずにはすまない**だろう。

그에게 상처를 주었다면 사죄**하지 않고는 해결되지 않을** 것이다.

取材で戦場に行くのは大変な危険を伴**わずにはすまない**。

취재 때문에 전쟁터에 가는 것은 엄청난 위험을 수반**해야 한다**.

会社に迷惑をかけたから、責任を取**らないではすまない**と思う。

회사에 폐를 끼쳤으므로 책임을 져**야만 한다**고 생각한다.

✅ 체크　私のことを信じきっている彼女には_____ _____ __★__ _____。

　　① 本当の　　② すまない　　③ ことを　　④ 言わずには

ただ 〜のみだ/ただ 〜のみならず

다만 〜할 뿐이다/단지 〜할 뿐만 아니라

● 접속 | 명사/동사·い형용사의 명사 수식형/な형용사である

「ただ 〜のみだ」는 제시하는 그것 이외에 다른 것은 없다는 한정의 의미를 강조한다. 「ただ 〜のみ ならず」는 범위가 한정되지 않고 다른 부분까지 널리 미친다는 의미이다. 「のみ」는 명사와 동사에만 접속한다.

世の中はただ知識のみでは、解決できないところも多い。

세상은 단지 지식만으로는 해결할 수 없는 부분도 많다.

一歩も後に引けない。ただ前に進むのみだ。

한 발짝도 뒤로 물러설 수 없다. 그저 앞으로 나아갈 뿐이다.

新型コロナウイルスの感染拡大はただ中国のみならず、周辺国にも影響を与える。

신형 코로나 바이러스의 감염 확대는 단지 중국뿐만 아니라 주변국에도 영향을 준다.

✓ 체크　やるだけのことはやった。あとは結果を待つ（① のみだ　② ところだ）。

〜だろうに　〜텐데

● 접속 | 명사·동사·い형용사·な형용사의 보통형(명사·な형용사의 현재형 だ)

어떤 사실에 대한 말하는 사람의 생각을 나타내며, 주로 감동·후회·불만·동정 등의 기분을 표현 한다. 실제로 일어나지 않은 과거의 사실에 대한 유감·후회 등을 나타낼 때도 사용한다. い형용사 의 현재형은 「楽しかろうに」의 형태로 접속하기도 하며, 「〜であろうに」·「〜でしょうに」의 형태로도 사용된다. 예 これくらいの怪我なら、相当痛かろうに。이 정도의 부상이라면 상당히 아플 텐데.

学生時代に彼に出会わなかったら、私の人生も今とは違っただろうに。

학창시절에 그를 만나지 않았다면 내 인생도 지금과는 달라졌을 텐데.

一人で大変だっただろうに、よく締め切りまでに完成させましたね。

혼자서 힘들었을 텐데 마감일까지 잘 완성시켰네요.

家でぐずぐずしていなかったら、遅刻しなかっただろうに。

집에서 꾸물거리지 않으면 지각하지 않았을 텐데.

✔ 체크　漢字が分かっていれば、_____ _____ ★ _____。

　　　① だろうに　　② いい　　③ 苦労しなくても　　④ こんなに

054

～つつ(も) ～하면서(도)

● 접속 │ 동사의 ます형

(1) 한 가지 일을 하면서 동시에 다른 일도 한다는 동시 진행의 의미이다.
(2) 앞에서 제시한 내용과 반대되는 내용을 말할 때 사용하는 역접 표현으로 후회나 고백 등을 말할 때 자주 사용된다. 「～のに」·「～けど」·「～ながら」 등과 같은 의미의 표현이다.

人間というのは、お互いに助け合いつつ生きていく存在だ。(1)

인간이라고 하는 것은 서로 도우면서 살아가는 존재이다.

今年の上半期、中国経済は安定を保ちつつ成長している。(1)

올해 상반기 중국 경제는 안정을 유지하면서 성장하고 있다.

もう間に合わないと思いつつ、取りあえず行ってみることにした。(2)

이미 늦었다고 생각하면서도 일단 가 보기로 했습니다.

✔ 체크　法律違反だと知り(① つつ　② つつある)、誰もいない時はついやってしまう。

〜っぱなし 〜한 채로, 인 채로

● **접속** | 동사의 **ます**형

안 좋은 상태가 계속 유지되거나, 그대로 내버려 둔 상태를 표현할 때 사용한다. 말하는 사람의 비난이나 불만이 섞인 표현이다. 「〜っぱなしに(して)」·「〜っぱなしで」의 형태로 주로 쓰인다.

散らかしっぱなしにしないで、整理整頓しなさい。
어질러진 **채로** 두지 말고 정리 정돈하세요.

一日中立ちっぱなしで仕事をしているから、夜になったら脚がむくんでしまう。
하루 종일 선 **채로** 일을 하기 때문에 밤이 되면 다리가 부어 버린다.

水を出しっぱなしにして歯を磨くと、母に怒られる。
물을 틀어 놓은 **채로** 이를 닦으면 엄마에게 혼난다.

- -

☑ **체크** 電気代がもったいないから、(① つけっぱなしに ② つけつつに)しないでください。

〜ては/〜ては〜ては 〜해서는, 〜하고는/〜하고는 〜하고는

● **접속** | 명사·동사·い형용사·な형용사의 て형

(1) 어떠한 내용을 가정할 때 사용하며, 주로 좋지 않은 조건을 가정한다. 「〜ていては」의 형태로 상대의 나쁜 점에 대해 이야기하고 그에 대한 충고를 할 때 사용한다.
(2) 일정 시간 동안 반복되는 동작을 표현하며, 같은 동사를 두 번 반복해서 사용하여 그 두 동작이 반복적으로 번갈아 가며 일어난다는 의미로 사용된다. 동사에만 접속하며 회화에서는 「ちゃ·じゃ」의 형태로도 쓰인다.

彼は外部に知られては困る情報を持っているらしい。

그는 외부에 알려져서는 곤란한 정보를 가지고 있는 것 같다.

そんなに翻訳アプリに頼っていては、日本語の実力が伸びない。

그렇게 번역 어플에 의지하고 있어서는 일본어 실력이 늘지 않는다.

書いては直し、直しては書いての繰り返しでこの原稿を書いている。

쓰고는 고치고 고치고는 쓰고를 반복하면서 이 원고를 쓰고 있다.

✔ 체크　ゴールデンウィークはやることがなくて、＿＿＿ ＿＿＿ ★＿＿ ＿＿＿。

　　① だった　　　② 食っちゃ寝　　③ 食っちゃ寝の　　④ 一週間

057

～てみせる　～하겠다, ～하고야 말겠다

● 접속 | 동사의 て형

열심히 노력해서 꼭 목표를 달성하겠다는 강한 의지나 각오를 나타낸다. 상황에 따라서는 타인을 의식하여 일부러 과장된 행동을 한다는 의미도 있다.

優勝賞金と最高の名誉を手に入れてみせる。

우승 상금과 최고의 명예를 손에 넣고 말 것이다.

お客さまから寄せられる期待に必ず応えてみせます。

손님들께서 보내주시는 기대에 반드시 부응하겠습니다.

壁は高いけれど、いつか必ず自力で乗り越えてみせる。

벽은 높지만 언젠가 반드시 내 힘으로 넘고 말 것이다.

✔ 체크　大変だと思うけど、必ず夢を叶えて(① みえる　② みせる)。

～でもする ～라도 하다

● 접속 | 동사 수동형의 ます형

안 좋은 영향을 끼치는 어떤 일에 대해 설명할 때 사용하며, 주로 「～でもしたら」·「～でもしたなら」 등과 같이 가정 표현과 함께 사용된다. 그 일이 발생하면 어떤 중대한 사태로 연결된다는 의미이다.

私は蚊に刺されでもしたら炎症を起こし、すぐに腫れてしまう。

나는 모기에게 물리기라도 하면 염증을 일으켜서 금방 부어버린다.

あのスキャンダルが報道されでもしたなら深刻な事態になります。

그 스캔들이 보도되기라도 하면 심각한 사태가 됩니다.

彼女にプロポーズを断られでもしたようで、彼は落ち込んでいる。

여자친구에게 프로포즈를 거절이라도 당한 것 같이 그는 풀이 죽어 있다.

⋯⋯⋯⋯⋯⋯⋯⋯⋯⋯⋯⋯⋯⋯⋯⋯⋯⋯⋯⋯⋯⋯⋯⋯⋯⋯⋯⋯⋯⋯⋯⋯⋯⋯

✔ 체크 アフリカ豚熱_____ _____ ＿★＿ _____、全部殺処分される。

① すれば　　　② でも　　　③ ウイルスが　　④ 検出され

～とあれば ～라면, ～라고 한다면

● 접속 | 명사/동사·い형용사의 보통형/な형용사의 어간

평소와는 다른 어떤 특별한 상황을 가정하여 당연히 예상되는 동작이나 상황·결과 등을 말할 때 사용한다.

彼は私が困っているとあれば、いつでも飛んで来てくれる。

그는 내가 곤란에 처해 있으면 언제라도 달려온다.

緊急事態とあれば、皆、手を取り合って助け合わなければならない。

긴급 사태라면 모두 손을 마주 잡고 서로 도와야만 한다.

彼女はお金のためとあれば、どんな危ない仕事でも断らない。

그는 돈을 위해서라면 아무리 위험한 일도 거절하지 않는다.

- -

✔ 체크 あなたがうちに来る(① とあれば ② にあれば)、腕をふるってご馳走を用意しよう。

060

〜というか(〜というか) ~라고 할지 (~라고 할지)

● 접속 │ 명사/동사·い형용사의 보통형/な형용사의 어간

순간적으로 떠오르는 느낌이나 인상·판단 등을 생각나는 대로 나열하거나, 어떤 일을 확실하게 단정지어 말하는 것을 피할 때 사용하는 표현이다. 두 번 연속하여 사용하기도 한다.

彼女の行動は勇気があるというか、とてもかっこよかったと思っている。
그녀의 행동은 용기가 있다고 할까 매우 멋있었다고 생각하고 있다.

引退する時はうれしいというか寂しいというか、なんとなく複雑だった。
은퇴할 때는 기쁘다고 할까 쓸쓸하다고 할까 왠지 복잡했다.

彼は変というか、独特というか、とにかく面白い人です。
그는 이상하다고 할지 독특하다고 할지 아무튼 재미있는 사람입니다.

- -

✔ 체크 彼の言ってることは、馬鹿(① というか ② と思いきや)、とにかく私には理解できない。

1 한국어 해석을 참고로 괄호 안에 들어갈 말로 알맞은 것을 고르세요.

1. フランスに留学するか（　　　）、悩_{なや}んでいる。
프랑스에 유학할지 말지 고민하고 있다.

2. 結論を出すのは、次回に持ち越す（　　　）と致しました。
결론을 내는 것은 다음으로 미루기로 했습니다.

3. 今回の勝負は絶対に勝って（　　　）ぞ。
이번 승부는 절대로 이기고 말 것이다.

4. 家族のためと（　　　）、どんなに辛_{つら}いことにも耐_たえられる。
가족을 위해서라면 아무리 괴로운 일이라도 견딜 수 있다.

5. あいつは楽天的（　　　）ばか（　　　）、細かいことを気にしないんですよ。
저 녀석은 낙천적이랄까 바보 같달까 세세한 일을 신경 쓰지 않아요.

6. 台風が上陸した。ただ過ぎていくのを待つ（　　　）です。
태풍이 상륙했다. 그저 지나가는 것을 기다릴 뿐이다.

7. 他人に頼る（　　　）生きてはいけない。
타인에게 의지하지 않고 살아갈 수는 없다.

8. 宇宙には知られ（　　　）神秘_{しんぴ}の世界が広がっている。
우주에는 알려지지 않은 신비의 세계가 펼쳐져 있다.

9. 他人に聞かれ（　　　）困る話を、公共の場でするなよ。
타인이 들으면 곤란한 이야기를 공공 장소에서 하지 마.

10. 大けがをしたので、1か月程度入院せずには（　　　）だろう。
큰 부상을 입었기 때문에 1개월 정도 입원하지 않고는 해결되지 않을 것이다.

①こと	②というか	③ことなしに	④のみ	⑤否か
⑥すまない	⑦みせる	⑧あれば	⑨ては	⑩ざる

2 힌트를 참고로 괄호 안에 들어갈 알맞은 문형을 찾아 쓰세요.

11. 彼は冷静を保ち(　　　)も、心の中では怒りが込み上げていることだろう。

12. イケメンに誘われ(　　　)したら、私はどこまでもついて行ってしまうでしょう。

13. 山田君は幼くして津波で両親を亡くしたそうです。さぞや悲しかった(　　　)に。

14. 地震による火災があちこちで発生していて、みんなを助け(　　　)にも助けられない。

15. 本年は29日まで営業する(　　　)と致します。

> **힌트**
>
> ① ものの　　② だろう　　③ よう　　④ でも　　⑤ こそ
> ⑥ から　　⑦ もの　　⑧ ところ　　⑨ こと　　⑩ つつ

3 다음 문장을 잘 읽고 괄호 안에 들어갈 말로 알맞은 것을 고르세요.

16. 電気を(① つき　② つけ)っぱなしにしないこと。

17. 最近物忘れが酷くて、(① 聞いては　② 聞かずに)忘れ、忘れては聞いている。

18. 異常がないか(① いなか　② いなく)、確認せねばなりません。

19. 将来、大物俳優になって、周りの人達を(① 見返せて　② 見返して)みせる。

20. 自転車の飲酒運転もだめですよ。法律を(① 知らないでは　② 知らないには)すまないよ。

> **정답**
>
> 1 ⑤　2 ①　3 ⑦　4 ⑧　5 ②/②　6 ④　7 ③　8 ⑩　9 ⑨　10 ⑥
> 11 ⑩　12 ④　13 ②　14 ③　15 ⑨　16 ②　17 ①　18 ①　19 ②　20 ①

問題7　次の文の（　　　　　　）に入れるのに最も良いものを、1・2・3・4から一つ
　　　　選びなさい。

1　今回の社員旅行に、人気者の野々村さんが（　　　　）、参加者は減るだろう。

　　1　行かずにはすまないので　　　　　　2　行くか否か

　　3　行くべきなので　　　　　　　　　　4　行かないとあれば

2　毎日（　　　　）体に良くないですよ。肝臓を休める日を作ることも大切ですよ。

　　1　飲酒をしようにも　　　　　　　　　2　飲酒をすることなしに

　　3　飲酒を続けていては　　　　　　　　4　飲酒をしなければ

3　（　　　　）食うべからず。ちゃんと仕事をしなさい。

　　1　働かずざる者　　2　働かないざる者　　3　働きざる者　　　4　働かざる者

4　「彼は奥さんへの不満を（　　　　）、道草を食わずに帰宅するんですよ。」

　　「へえ。本当は愛妻家なんですね。」

　　1　言いつつも　　　　2　言わつつも　　　　3　言ってつつも　　4　言えつつも

5　もう契約金もいただいたことだし、今更この契約を（　　　　）できない。

　　1　取り消すことと　　2　取り消ししようにも　3　取り消すべく　　4　取り消すものの

6　うちの子は部屋を（　　　　）、全然片付けようとしないので困っています。

　　1　掃除しないままに　　　　　　　　　2　散らかしっぱなしで

　　3　汚くしたことに　　　　　　　　　　4　ほったらかしとあれば

7　単身赴任先に現地妻がいることが、妻に（　　　　）離婚は確実で、慰謝料も請求
　　されるだろう。

　　1　知られでもしたら　　　　　　　　　2　知られてでもしたら

　　3　知ってでもしたら　　　　　　　　　4　知りでもしたら

8　週末は外に一歩も（　　　　）、うちで過ごしました。

　　1　出るものなしに　　　　　　　　　　2　出るものなしで

　　3　出ることなしに　　　　　　　　　　4　出ることなしで

問題8　次の文の＿＿★＿＿に入る最も良いものを、1・2・3・4から一つ選びなさい。

9　人口減少の問題は＿＿＿＿ ＿＿★＿＿ ＿＿＿＿ ＿＿＿＿深刻な問題だ。

1　のみならず

2　大都市近郊の都市でも

3　地方都市

4　起きている

10　「最近、親による子への虐待（ぎゃくたい）のニュースが多いですね。」

「そうですね。＿＿＿＿ ＿＿★＿＿ ＿＿＿＿ ＿＿＿＿んでしょうね。」

1　こんなことをする

2　なぜ

3　生まれたばかりの頃は

4　かわいがっていただろうに

11　イギリスでは＿＿＿＿ ＿＿★＿＿ ＿＿＿＿ ＿＿＿＿議論が活発になされている。

1　離脱（りだつ）するか　　2　巡る　　3　否かを　　4　欧州連合（おうしゅうれんごう）から

12　高橋（たかはし）さんは＿＿＿＿ ＿＿＿＿ ＿＿★＿＿ ＿＿＿＿を持っているんですよ。

1　魅力的　　　2　周囲の人々を　　　3　というか　　　4　ひきつける力

13　大型スーパーの駐車場（しゃじょうあ）では車上荒らしが＿＿＿＿ ＿＿＿＿ ＿＿★＿＿ ＿＿＿＿しましょう。

1　しないように

2　貴重品（きちょうひん）を

3　多発しているので

4　車内に置きっぱなしに

14　喪中（もちゅう）につき、＿＿＿＿ ＿＿＿＿ ＿＿★＿＿ ＿＿＿＿。

1　ご遠慮させていただくことと

2　ごあいさつは

3　年末年始の

4　致します

15　タバコを＿＿＿＿ ＿＿★＿＿ ＿＿＿＿ ＿＿＿＿ですよ。

1　至福（しふく）の時

2　コーヒーを飲むのは

3　吸いつつ

4　何物（なにもの）にも代えがたい

16　ネットバンクで振り込みを＿＿＿＿ ＿＿★＿＿ ＿＿＿＿ ＿＿＿＿できなくて困っているんですよ。

1　忘れてしまい　　2　ログインすら　　3　しようにも　　4　パスワードを

問題9　次の文章を読んで、文章全体の内容を考えて　17　から　21　の中に入る最も良いものを、1・2・3・4から一つ選びなさい。

　ＩＴ(情報技術)企業のある部長に会った時、その部長が次のように話していた。「この前、大学院を出た新入社員がやって来て『テンションマックスで頑張ります。』って言うんだ。彼は物理学専攻で、深く　17　おかしいよね。」

　テンションといえばやる気を思い浮かべる人が多いのだろう。だからテンションマックスは、やる気バリバリのイメージになる。だが部長はそこに「?」マークを感じたのだ。英語のテンションは、医学系であれば緊張状態を表す。精神科系であれば不安状態を表し、電気系だと電圧を示す。この部長や新入社員が専門とする物理学の分野なら張力を指す。いずれにしろ、テンションが高いということは緊張、不安、電圧そして張力が張りつめている状態であり、決してプラスを　18　。

　ところが日本でテンションがマックスだといえば、一般に最大限のやる気を意味する。　19　米国人の友人に聞いてみたところ、返事は「やる気を表す言葉ならモチベーションだよ。テンションは使わない。日本ではそう使うの?米国でもマネしようかな。」と笑っていた。

　日本ではいつからこうなったのだろう。正解は分からないが、知り合いの医師がこんな見方を　20　。彼は「血圧の測定で上が140を超えてくるとハイテンションということがある。」と言いつつ「血圧が高い患者に向かって『心理的なストレスが原因だ。』とは言いにくく、『一生懸命、無理を覚悟で仕事をしたからでしょう。』と説明した結果ではないかな。」

　これは認知心理学でいうポジティブ錯誤に当たる。医師は「無理を覚悟」をネガティブに捉えているのだが、説明を聞く側は「無理を覚悟で、頑張ってよく働いた。」とポジティブに　21　ということだ。仮説だが、こうして日本では「テンションマックス」がプラスの意味に転じたのかもしれない。

17
1　研究してきただろうに　　　　　　2　研究していったが

3　研究してきたからには　　　　　　4　研究していったのに

18
1　表しているのだろう　　　　　　　2　表しているところではない

3　表しているものだ　　　　　　　　4　表しているわけではない

19
1　ところが　　　　2　ちなみに　　　　3　これで　　　　4　なにしろ

20
1　話していただいた　　　　　　　　2　話してあげた

3　話してくれた　　　　　　　　　　4　話してもらった

21
1　受け止めた　　　2　受けつつあった　3　受け付けた　　　4　受け継いだ

061

〜といっても過言ではない 〜라고 해도 과언이 아니다

● 접속 | 명사·동사·い형용사·な형용사의 보통형 (명사·な형용사의 현재형 だ)

자신의 주장을 강조하여 말할 때 사용하는 표현으로 지금 말하는 것이 과장된 것이 아니라는 의미이다. 회화체에서는 「過言」 대신에 「言い過ぎ」를 사용하기도 한다.

環境問題は人類の運命がかかっているといっても過言ではない。
환경 문제는 인류의 운명이 걸려있다고 해도 과언이 아니다.

韓国のインターネット回線速度は世界一といっても過言ではないだろう。
한국의 인터넷 회선 속도는 세계 제일이라고 해도 과언이 아닐 것이다.

彼女のピアノ演奏は完璧と言っても過言ではない。
그녀의 피아노 연주는 완벽하다고 해도 과언이 아니다.

● 체크 クィーンは伝説のロックバンド＿＿＿＿ ＿＿＿＿ ＿★＿＿ ＿＿＿＿。

① 過言　　　　② といっても　　　③ と思う　　　　④ ではない

062

〜ところを 〜인데도, 〜한 상황에도, 〜인 중에

● 접속 | 명사·동사·い형용사·な형용사의 명사 수식형

주로 인사말로 사용되며, 상대방에게 폐를 끼치는 등의 좋지 않은 영향을 끼쳤을 때 그것에 대한 감사나 미안함을 표현할 때 사용한다. 단순히 어떤 상황을 묘사할 때도 사용한다.

お休みのところを、ご迷惑をおかけして申し訳ございません。
쉬시는 중인데 민폐를 끼쳐서 정말 죄송합니다.

お忙しいところを、遠路はるばるお越しいただき、ありがとうございます。
바쁘신 와중에 먼 곳까지 와 주셔서 감사합니다.

もう少しで試合終了の<u>ところを</u>、突然の大雨で打ち切りになってしまった。

조금만 있으면 시합이 끝나는 상황에서 갑자기 비가 내려 중지되어 버렸다.

- -

✔ 체크　犯人が銀行で_____ ★ _____ _____、警察に逮捕された。

① 下ろそうと　　② ところを　　③ お金を　　④ している

063

～とはいえ　～라고는 해도, ～이기는 해도

접속 | 명사·동사·い형용사·な형용사의 보통형

유사표현 | ～といっても·～といえども ～라고 해도

예상이나 기대가 실제 상황과 다르거나, 또는 앞의 내용이 사실임을 인정한 뒤에 그에 대한 어떠한 문제점이나 정보를 추가할 때 사용하는 역접 표현이다. 명사·な형용사 현재형의 「だ」는 생략하기도 한다.

あの人は大学生とはいえ、分数の割り算もできない。

저 사람은 대학생이라고 해도 분수 나눗셈도 못한다.

いくら老けて見えるとはいえ、まだ生徒だからお酒はだめだ。

아무리 얼굴이 나이 들어 보인다 하더라도 아직 학생이니까 술은 안 된다.

この製品は高いとはいえ、品質に優れているので評判です。

이 제품은 비싸기는 해도 품질이 뛰어나기 때문에 평판이 좋습니다.

- -

✔ 체크　いくらお金が大事(① とあれば　② とはいえ)、友達を裏切ることはできません。

〜とは限(かぎ)らない/〜ないとも限らない

〜라고 (단정)할 수 없다/〜하지 않는다고 장담할 수 없다

● **접속** | 명사·동사·い형용사·な형용사의 보통형

유사표현 | 〜とは言えない/〜わけではない 〜라고는 할 수 없다/〜한 것은 아니다

동사「限る 한정하다」를 활용한 문형으로, 일반적으로 그렇게 생각되는 내용이 반드시 그렇다고 단정할 수 없다는 표현이다. 명사·な형용사 현재형의「だ」는 생략하기도 한다.

失敗も大事な経験(けいけん)だから、無駄(むだ)だとは限(かぎ)らない。

실패도 소중한 경험이니까 소용없다고는 할 수 없다.

学校での成績がよいからといって、社会で認(みと)められるとは限らない。

학교에서의 성적이 좋다고 해서 사회에서 인정받는다고는 할 수 없다.

「無農薬(むのうやく)だから安心」とも限らない。きれいに洗い流さないといけない。

'무농약이라서 안심'이라고도 단정할 수 없다. 깨끗이 물로 씻어야만 한다.

✅ **체크** 人生というのはいつも_____ _____ ★ _____。

① 通りに   ② 計画していた   ③ 限らない   ④ 進むとは

〜とばかりに (마치) 〜라는 듯이

● **접속** | 명사·い형용사·な형용사의 보통형/동사의 명령형·た형

➕ **플러스** 〜とばかりに VS 〜(た)ばかりに

실제로 그렇다고 말한 것은 아니지만, 태도·동작·말투·표정 등에서 마치 그런 것 같은 느낌이 든다는 표현이다. 명사와 な형용사 현재형의「だ」는 생략하기도 한다.

絶対言うな**とばかりに**私を睨みつけていた。

절대로 말하지 말라는 **듯이** 나를 노려보고 있었다.

彼は今が告白のチャンスだ**とばかりに**、自分の思いを語り始めた。

그는 지금이 고백의 기회**라는 듯이** 자신의 마음을 말하기 시작했다.

彼は僕に会うと、待っていた**とばかりに**社長への文句を言い始めた。

그는 나를 만나자 기다렸다는 **듯이** 사장님에 대한 불만을 말하기 시작했다.

....

✅ **체크**　天まで届け(① とばかりで　② とばかりに)、声を限りに叫んだ。

066

～ないまでも　～하지는 못해도, ～까지는 아니더라도

🔹 접속 | 동사의 **ない형**

원하는 정도까지는 아니지만, 최소한 이 정도가 되면 그럭저럭 만족할 수 있다는 의미이다.

結婚式に出席はでき**ないまでも**、お祝いのプレゼントぐらいは贈ろう。

결혼식에 참석하지는 **못하더라도** 축하 선물 정도는 보내자.

昨日の国際会議は、成功とは言え**ないまでも**、失敗ではなかったと思う。

어제 국제회의는 성공이라고는 말할 **수 없어도** 실패는 아니었다고 생각한다.

金メダルは取れ**ないまでも**、せめてベスト4進出という目標は達成したい。

금메달은 못 **따더라도** 적어도 4강 진출이라는 목표는 달성하고 싶다.

....

✅ **체크**　完璧とは(① 言わないまでも　② 言えるからして)、自分としては期待以上の
　　　　成果だったと自負している。

〜ないものでもない 〜못할 것도 없다, 〜할 수도 있다

● 접속 | 동사의 ない형

최소한의 조건이 갖춰진다면 막연하지만 그렇게 할 수도 있다는 의미이며 어떤 내용을 소극적으로 긍정할 때 사용된다.

結婚したくないものでもないけど、もう少し青春を楽しみたい。
결혼하고 싶지 않은 것은 아니지만, 조금 더 청춘을 즐기고 싶다.

お金の使い道によっては、貸さないものでもない。
돈의 사용처에 따라서는 빌려줄 수도 있다.

大変だろうけど、二人ならこの難局を乗り越えないものでもない。
힘들겠지만 둘이라면 이 난국을 헤쳐나가지 못할 것도 없다.

✓ 체크　自分の過ちを素直に認めれば、許してあげない(① ところではない　② ものでもない)。

〜なしに(は) 〜하지 않고(는), 〜없이(는)

● 접속 | 명사

유사표현 | 〜なくしては 〜없이(는)

(1) 제시하는 그것이 없으면 뒤의 내용이 성립되지 않는다는 조건 표현이다.
(2) 어떤 동작을 해야 함이 마땅하지만 그 동작을 하지 않고 다른 동작을 한다는 의미도 있다.

ボランティアの方々の支援なしにはこの団体は存続できません。(1)
자원봉사자 여러분들의 지원 없이는 이 단체는 존속할 수 없습니다.

語彙の習得なしには外国語は上達しない。(1)

어휘의 습득 없이는 외국어는 능숙해지지 않는다.

何の断りもなしに、こんな時間に訪ねて来るなんて失礼な人だね。(2)

아무런 양해의 말도 없이 이런 시간에 찾아오다니 정말 무례한 사람이네.

- -

✓ 체크 私はコーヒーが大好きで、＿＿＿ ＿＿＿ ★ ＿＿＿。

① が始まらない ② なしには ③ 一日 ④ コーヒー

069

～ならいざしらず ～라면 모르지만, ～라면 이해가 되지만

접속 | 명사/동사의 사전형

앞에서 제시한 상황이라면 이해할 수도 있지만 그렇지 않기 때문에 납득할 수 없다는 의미이다.

海外旅行に行くならいざしらず、こんなに大きいバッグは恥ずかしいな。
해외여행을 가는 거라면 몰라도 이렇게 큰 가방은 부끄럽네.

専業主婦ならいざしらず、家事を全部妻に任せるなんてひどい男だね。
전업주부라면 몰라도 집안일을 전부 부인에게 맡기다니 나쁜 남자네.

未成年者ならいざしらず、自分のやったことはちゃんと責任を取りなさい。
미성년자라면 몰라도 자신이 한 일은 제대로 책임을 지세요.

- -

✓ 체크 昔(① ならいざしらず ② ならでは)、今の時代に手書きで論文を書くなんて。

〜に言わせれば・〜に言わせると ~의 의견으로는, ~가 말하기로는

● 접속 | 명사

사람을 나타내는 명사에 접속하여 그 사람의 확신에 찬 의견이나 생각을 표현할 때 사용한다.

刑事である彼女に言わせれば、あの人は犯人に違いないそうだ。
형사인 그녀의 의견으로는 저 사람은 범인임이 틀림없다고 한다.

お酒好きの岡田に言わせると、会食はすごく楽しい仕事らしい。
술을 좋아하는 그에게는 회식은 엄청 즐거운 일이라는 것 같다.

沙希さんに言わせると僕と一緒にいるととても気を使うらしい。
사키 씨가 말하기로는 나와 함께 있으면 매우 신경을 쓴다는 것 같습니다.

- -

☑ 체크　私に(① 言わせれば　② 言われれば)、彼の一番の魅力は優しさだ。

〜にかかわる ~에 관계되는, ~이 걸린

● 접속 | 명사

어떠한 내용이 다른 일에 중요한 영향을 미친다는 의미이며, 단순히 어떤 관계가 있다고 설명할 때도 사용한다. 주로 「名誉 명예」・「将来 장래」・「未来 미래」・「評判 평판」・「命 목숨」・「プライバシー 프라이버시」 등의 명사와 함께 사용된다.

このプロジェクトは会社の将来にかかわる大事な研究です。
이 프로젝트는 회사의 장래가 걸린 중요한 연구입니다.

一人の人生にかかわることなので、勝手に決め付けないでください。
한 사람의 인생이 걸린 문제이므로 마음대로 단정 짓지 마세요.

個人のプライバシーにかかわる内容を扱う時は十分注意してください。

개인의 프라이버시에 관한 내용을 취급할 때는 충분히 주의해 주세요.

✔체크 少子高齢化は_____ _____ ★ _____ _____ですから、国民の皆が真剣に考えなければならない。

① かかわる ② 大事な問題 ③ 国の未来に ④ とても

072

～につけ(て)/～につけ～につけ ～할 때마다/～하든 ～하든

● 접속 | 명사/동사·い형용사의 사전형

(1) 어떤 동작을 할 때마다 같은 상황이 반복된다는 의미로, 「見る」·「思う」·「考える」 등의 동사와 함께 사용된다.
(2) 반대되는 두 가지의 일을 나열해서 두 가지 경우 모두 그러하다는 의미로 쓰인다. 「何ごとにつけても 무슨 일이든」과 같은 관용적인 표현으로도 자주 사용된다.

将来のことを考えるにつけ、出てくるのはため息ばかりだ。(1)
장래의 일을 생각할 때마다 나오는 것은 한숨뿐이다.

私は彼の音楽を聞くにつけて、いつも癒される。(1)
그는 그의 음악을 들을 때마다 항상 위로받는다.

成績がいいにつけ悪いにつけ、すべての子供には隠されている才能がある。(2)
성적이 좋든 나쁘든 모든 아이에게는 숨겨진 재능이 있다.

✔체크 雨(   )雪(   )、彼は運動を欠かさなかった。(① にも/にも ② につけ/につけ)

～にとどまらず ～에 그치지 않고, ～에 국한되지 않고

● 접속 | 명사

지역이나 시간을 나타내는 말과 함께 주로 사용되며, 그 내용에 한정되지 않고 더 넓은 범위까지 영향을 준다는 의미이다. 동사 「とどまる 막혀 나아가지 않다, 정체되다」를 활용한 문형이다.

その監督の作品は日本国内にとどまらず、世界的によく知られている。

그 감독의 작품은 일본 국내에 국한되지 않고 세계적으로도 잘 알려져 있다.

原発事故による被害は福島だけにとどまらず、周辺地域にも広がっている。

원전 사고에 의한 피해는 후쿠시마만으로 그치지 않고 주변 지역으로도 확대되고 있다.

円安の影響は、製造業にとどまらず、様々な分野に及んでいる。

엔저의 영향은 제조업에 그치지 않고 다양한 분야에 미치고 있다.

- -

✓ 체크 IUは若者(① にとどまらず ② でのみならず)、幅広い年齢層に人気を得ている。

～にひきかえ ～와는 달리, ～와는 반대로

● 접속 | 명사/동사·い형용사·な형용사의 명사 수식형 の

유사표현 | ～に比べて/～に反して ～에 비해서/～에 반해서

반대되는 두 가지 내용을 대비시킬 때 사용하며, 「引き換える 바꾸다, 교환하다」에서 나온 문형이다.

去年は冷夏だったのにひきかえ、今年は猛暑が続いている。

작년에는 서늘한 여름이었던 것과 달리 올해는 폭염이 계속되고 있다.

妹は音楽に才能があって歌も上手なのにひきかえ、姉は音痴だ。

여동생은 음악에 재능이 있어 노래도 잘 부르는 것과는 반대로 언니는 음치다.

去年は売り上げが伸びたのにひきかえ、今年の売り上げはぐんと落ち込んでいる。

작년은 매출이 올랐던 것과는 달리 올해의 매출은 매우 저조하다.

✅ 체크　前のテストに(① さきだって　② ひきかえ)、今回は高得点を取りました。

075

〜によるところが大きい　〜에 의한 바가 크다, 〜에 힘입은 바가 크다

🔵 접속 | 명사

어떤 일이 특정한 요인과 깊은 관련이 있다는 것을 말할 때 사용하는 표현이다.

彼の優しさと思いやりは生まれつきの性格によるところが大きいだろう。

그의 다정함과 배려는 타고난 성격에 힘입은 바가 클 것이다.

不動産価格の高騰は韓国の住宅事情によるところが大きいです。

부동산 가격의 급상승은 한국의 주택 사정에 의한 바가 큽니다.

彼が選ばれたのは母親のコネによるところが大きいかもしれない。

그가 선발된 것은 엄마의 뒷배경에 의한 바가 클지도 모른다.

✅ 체크　我が社の成長は社長の_____ _____ ★_____ _____と思います。

　　　① 大きい　　　② 的確な判断　　　③ ところが　　　④ による

1 한국어 해석을 참고로 괄호 안에 들어갈 말로 알맞은 것을 고르세요.

1. 若林先生の存在が、私の人生を変えたと言っても（　　　　）。
와카바야시 선생님의 존재가 내 인생을 바꿨다고 해도 과언이 아니다.

2. 暦の上では春（　　　　）、寒い日が続きますね。
달력 상으로는 봄이기는 하지만 추운 날이 계속되네요.

3. 吉村君は彼女の前ではここぞ（　　　　）張り切ってみせるんだよ。
요시무라 군은 여자 친구 앞에서는 좋은 기회라는 듯이 의욕 넘치게 행동한다.

4. 命に（　　　　）危険な暑さの日が続いている。
생명에 관련된 위험한 폭염이 계속되고 있다.

5. 北朝鮮では公正な裁判（　　　　）判決が出され、処刑が行われている。
북한에서는 공정한 재판 없이 판결이 내려져 처형이 행해지고 있다.

6. よほどの事情があるなら（　　　　）、毎日遅刻するなんてとんでもないことだ。
특별한 사정이 있다면 몰라도 매일 지각하다니 당치도 않은 일이다.

7. タピオカミルクティーは、本場の台湾だけに（　　　　）日本でもブームになっている。
타피오카 (버블) 밀크티는 본고장 대만에만 국한되지 않고 일본에서도 붐을 일으키고 있다.

8. 医者に（　　　　）あと10kgは体重を落とさなければいけないらしい。
의사가 말하기로는 앞으로 10kg는 체중을 줄여야만 한다고 한다.

9. 昔は記憶力がよかったのに（　　　　）、今は年を取り忘れっぽくなった。
옛날에는 기억력이 좋았던 것에 반해서 지금 나이를 먹고 자주 깜박깜박하게 되었다.

10. お金持ちだからといって、必ずしも幸せだとは（　　　　）。
부자라고 해서 반드시 행복하다고는 할 수 없다.

---

① とばかりに　② いざしらず　③ 言わせると　④ ひきかえ　⑤ とはいえ
⑥ 過言ではない　⑦ 限らない　⑧ かかわる　⑨ なしに　⑩ とどまらず

2 힌트를 참고로 괄호 안에 들어갈 알맞은 문형을 찾아 쓰세요.

11. お話中の(　　　)、横から口を挟んで申し訳ございません。

12. 皆、口には出さない(　　　)、会社に対する不満が溜まっていると思う。

13. この程度の価格のマンションなら、僕の手の届かない(　　　)ないな。

14. 何ごとに(　　　)、父は私の成績の話をするので、勉強の話を話題にしない
ようにしている。

15. 昨今の消費低迷は、消費増税に(　　　)が大きいと言われている。

> **힌트**
>
> ① よるところ　② よること　③ つき　　　④ つけ　　　⑤ ものでも
> ⑥ ものには　　⑦ ところで　⑧ ところを　⑨ までも　　⑩ までに

3 다음 문장을 잘 읽고 괄호 안에 들어갈 말로 알맞은 것을 고르세요.

16. 夜中の0時を回った(① にはいえ　② とはいえ)、7月のオスロでは白夜のため
太陽が沈まない。

17. 私の話も聞かずに、君が悪い(① とだけに　② とばかりに)上司に叱責された。

18. きれいな水(① なしには　② なしは)おいしい豆腐は作れない。

19. 高給取りなら(① いざしれず　② いざしらず)ファーストクラスで旅行なんて
贅沢だよ。

20. お姉さんは成績優秀だが、それ(①にひきかえ②にとどまらず)、君はだめだね。

> **정답**
>
> 1⑥　2⑤　3①　4⑧　5⑨　6②　7⑩　8③　9④　10⑦
> 11⑧　12⑨　13⑤　14④　15①　16②　17②　18①　19②　20①

問題1　次の文の（　　）に入れるのに最も良いものを、1・2・3・4から一つ選びなさい。

1 ベトナムのビジネスでは、人脈(じんみゃく)が全て（　　）。

1　というのは過言ではない　　　　　2　といったら過言ではない

3　といっても過言ではない　　　　　4　といえども過言ではない

2 雨の中、（　　）、いらしていただきありがとうございました。

1　おみ足の美しいところを　　　　　2　お尻の赤いところを

3　お手元の暗いところを　　　　　　4　お足元の悪いところを

3 太陽光発電や風力発電は不安定で補助電力にしか（　　）、太陽熱発電はベース電力になる。

1　なったのに加え　　　　　　　　　2　ならないのにひきかえ

3　ならないまでも　　　　　　　　　4　なるならいざしらず

4 バスの運転手不足(ぶそく)は（　　）、大都市圏(だいとしけん)でも深刻な問題になっている。

1　地方にとどまらず　　　　　　　　2　地方だけにあり

3　地方なしには　　　　　　　　　　4　地方とあれば

5 「長野県(ながのけん)は、信号のない横断歩道で一時停止する車の割合が高いそうですよ。」

「へえ、そうなんですか。まじめな県民性(けんみんせい)（　　）んでしょうね。」

1　によるところが大きい　　　　　　2　によるものが多い

3　によることが大きい　　　　　　　4　により多い

6 1964年に発行された東京オリンピック開催(かいさい)記念切手だけど、（　　）入手するにはかなり困難が伴うと思うよ。

1　手に入れでもすれば　　　　　　　2　手に入らないものでもないけど

3　手に入れればこそ　　　　　　　　4　手に入るといっても過言ではないけど

7 大阪から東京まで自転車で行くんですか。学生時代（　　）、40代の君には無理だと思いますよ。

1　ならいざしらず　　2　とばかりに　　　3　とあれば　　　　4　だろうに

8 エリカって、顔はかわいい（　　）性格が本当に悪いんだよ。だからみんなから嫌われているの。

1　ばかりに　　　　　2　か否か　　　　　3　とあって　　　　4　とはいえ

問題2 次の文の___★___に入る最も良いものを、1・2・3・4から一つ選びなさい。

9 真君がうちの子を殴ったことは絶対に許せないわ。本人が_____ __★__ _____ _____から。

1 絶対に許さない　　　　　　　　2 謝ってくるにつけ

3 両親が謝ってくるにつけ　　　　4 いずれにせよ

10 制限速度を守っているのに、後ろの車に_____ __★__ _____ _____をされた。

1 行けと　　　　　2 パッシング　　　　3 ばかりに　　　　4 さっさと

11 「中国旅行の時に両替して余った元、どうしよう。」

「また_____ _____ __★__ _____よ。」

「そうね。また遊びに行くかもしれないしね。」

1 行かないとも　　2 取っておこう　　3 限らないから　　4 大切に

12 炎天下での部活動は_____ _____ __★__ _____指導してください。

1 にかかわる　　　　　　　　　　2 控えるように

3 生徒の命　　　　　　　　　　　4 おそれがあるので

13 _____ __★__ _____ _____誰も満足はしないよ。

1 言わせれば　　2 日本人の僕に　　3 サービスでは　　4 この程度の

14 うちの主人ったら私の誕生日をすっかり忘れていたのよ。プレゼントをくれ
_____ _____ __★__ _____ほしかったわ。

1 一言くらいは　　　　　　　　　2 おめでとうの

3 せめて言って　　　　　　　　　4 と言わないまでも

15 地域住民の皆様の_____ __★__ _____ _____。誠にありがとうございました。

1 成功しませんでした　　　　　　2 なしには

3 ご理解とご協力　　　　　　　　4 今回の夏祭りは

16 宿題をしている_____ __★__ _____ _____ちょっと教えてくれない。

1 ところを　　　　2 この問題の　　　　3 悪いんだけど　　4 解き方を

問題9　次の文章を読んで、文章全体の内容を考えて　17　から　21　の中に入る最も
良いものを、1・2・3・4から一つ選びなさい。

　　会社員の多くが、50代になると管理職から外される「役職定年」を迎える。
どんな気持ちで、その時を迎えるのだろうか。法政大大学院教授の石山さんと
パーソル総合研究所は2017年、40〜60代のミドルシニア世代の社員約4700人
にアンケートを行った。役職定年を経験した会社員には、こんな回答が並ん
だ。「夜も眠れない日が続いた。」「このままでは廃人になると感じた。」
「会社っていったい何だったのか。」

　　調査をした同研究所の小林研究員は「強い失望感を示す言葉が多く、衝撃を
受けた。」と振り返る。企業にとって役職定年は、人件費の抑制や若手の起用
などの狙いがある。一方で懸命に会社で働いてきたビジネスパーソンにとって
は、この制度は大きな挫折感を　17　。それは会社での「居場所」を失う感覚に
もつながっていく。

　　18　日本型雇用は、中高年で挫折を感じやすい構造になっている。新卒一
括採用で大量に入社した「同期」は、若いうちは平等に昇進の機会を与えられ
る。しかし40歳を過ぎるとポストは限られ、出世競争の行方ははっきりとし
てくる。「敗れた」　19　敗北感を感じる社員がモチベーションを維持して働き
続けるのは簡単ではない。

　　バブル期に入社した世代が50代に　20　今、中高年を対象にした希望退職の募
集が相次ぐ。ただ、小林さんは「何度も希望退職を募集してしまうと、次世代
の若者も採用しにくくなる。」と指摘する。その半面で、調査では、役職定年
後の会社人生を前向きにとらえる人たちもいた。現場に戻って、業績を上げる
ことに専念し、社長交代の後に役員に起用された人。会議などが減って仕事に
没頭する時間が増えたという人。給料は減っても、実績は今まで以上に残そう
と奮起した人。

石山さんらが企業の現場を調べたところ、50代の社員に裁量や責任を与え、挑戦しがいのある仕事を任せると、活躍する行動に 21 が見られたという。

　　「競争力のある企業の問題意識は、希望退職でベテラン社員を減らすことではなく、どうすれば活躍してもらえるかにシフトしている。」と石山さんは指摘する。50代のやる気をどうやって引き出すか。その成否が、企業の今後の成長を占うカギになりそうだ。

引用：朝日新聞 一部改変

17

1　生まない　　　2　生みかねる　　　3　生みかねない　　4　生まれることはない

18

1　もともと　　　2　初めに　　　　　3　たとえ　　　　　4　いっそ

19

1　とばかりに　　2　にばかりで　　　3　へばかりか　　　4　からとばかりを

20

1　さまよう　　　2　さしかかった　　3　さしでがましい　4　ささやかな

21

1　つきだす所　　2　つながる傾向　　3　つまずく面　　　4　続けるきらい

076

～はおろか ～은커녕, ～은 물론이고

● 접속 | 명사

유사표현 | ～どころか ～은커녕

말할 필요도 없이 너무나 당연하다는 의미이며, 「さえ」·「すら」·「も」·「まで」 등의 조사와 함께 사용되는 경우가 많다.

足を踏まれたのに、謝罪はおろか逆切れされた。

발을 밟혔는데도 사죄는커녕 상대방에게 욕을 먹었다.

会社が忙しくて運動はおろか、日常生活にも支障が出るほどです。

회사가 바빠서 운동은커녕 일상생활에도 지장이 있을 정도입니다.

明日人間ドックに入るので、ご飯はおろか水分も取れません。

내일 건강검진을 하기 때문에 밥은커녕 물도 마실 수 없어요.

··

☑ 체크 貯金は(① どころか ② おろか)、借金を返すのに精一杯だ。

077

～はさておき ～은 제쳐두고, ～은 접어두고

● 접속 | 명사/か

어떤 내용을 고려하지 않고 다른 행동을 하거나 또는 다른 화제로 전환하고자 할 때 사용하는 표현이다.

冗談はさておき、そろそろ本論に入りましょう。

농담은 제쳐두고 슬슬 본론으로 들어갑시다.

お金に不自由していないかどうかはさておき、二人で幸せに暮らしている。
돈이 궁한지 어떤지는 제쳐두고 둘이서 행복하게 살고 있다.

人を殴るのは理由はさておき許される行為ではない。
사람을 때리는 것은 이유는 제쳐두고 용서되는 행위가 아니다.

✔️ **체크**　責任が誰にあるのかは(① さておき　② いざしらず)、今は今後の対策を考えるべきだ。

078

～ばそれまでだ ～하면 그걸로 끝이다

🔵 **접속** | 동사의 가정형(～ば형)

어떤 상황이 되면 더는 다른 방법이 없다는 의미이며, 원래의 상태로 돌아가는 것이 불가능하다는 뉘앙스의 표현이다. 「～たらそれまでだ」・「～ならそれまでだ」와 같은 형태로도 사용할 수 있다.

上司の悪口を言ってもいいけど、本人の耳に入ればそれまでだ。
상사의 험담을 해도 괜찮지만 본인 귀에 들어가면 그걸로 끝이다.

死んでしまえばそれまでだから、お金なんかに拘らないで人生を楽しもう。
죽어 버리면 그걸로 끝이므로 돈 따위에 구애받지 말고 인생을 즐기자.

これを逃せばそれまでで、二度とチャンスはない。
이것을 놓치면 그걸로 끝이고 두 번 다시 기회는 없다.

✔️ **체크**　ノートパソコンは水に弱い。中に水が入れば(① それだけだ　② それまでだ)。

～まじき ～해서는 안 되는

● 접속 | 동사의 사전형

어떤 동작을 하면 안 된다는 금지 표현으로,「～としてあるまじき・～にあるまじき+명사」의 제한된 형태로 사용된다.

弱い者いじめをするなんて、人間としてあるまじきことです。
약한 자를 괴롭히다니 인간으로서 해서는 안 되는 일입니다.

暴力は理由が何であれ、許すまじき行動です。
폭력은 이유가 뭐든 간에 용서해서는 안 되는 행동입니다.

肌の色で差別するなんて教育者にあるまじき振る舞いだ。
피부 색으로 차별하다니 교육자로서 해서는 안 되는 행동이다.

- -

☑ 체크　賄賂を受け取るなんて、国会議員にある(① べく　② まじき)行為だ。

～までに ～할 정도로, ～할 정도까지

● 접속 | 동사의 사전형·가능형

오랜 시간 동안 노력을 해서 현재의 어떤 상태나 결과에 도달했음을 말할 때 사용하며, 주로「なる」·「進歩する」·「成長する」·「育つ」·「回復する」같은 변화를 나타내는 동사와 함께 사용된다.

私一人で始めたこの会社は、社員数が50名を超えるまでに成長した。
나 혼자 시작한 이 회사는 사원 수가 50명을 넘길 정도로 성장했다.

頑張ったかいがあって、日本人と不自由なく会話できるまでになった。

노력한 보람이 있어서 일본인과 불편함 없이 대화할 수 있을 정도가 되었다.

医療の技術はDNAを複製できるまでに進歩した。

의료 기술은 DNA를 복제할 수 있을 정도까지 진보했다.

✅ 체크 試合で足の骨を折ったあの選手は歩ける(① ばかりに ② までに)回復した。

081

〜まみれ 〜투성이

접속 | 명사

➕ 플러스 〜まみれ VS 〜だらけ

전체적으로 어떤 것이 많이 붙어 있음을 나타낸다.「血まみれ 피투성이」·「ほこりまみれ 먼지투성이」·「泥まみれ 흙투성이」·「汗まみれ 땀투성이」처럼 관용적인 표현으로 주로 사용된다.

彼は血まみれになって病院に運ばれたが、幸い命に別状はないようだ。

그는 피투성이가 돼서 병원에 실려왔지만 다행히 생명에 지장은 없는 것 같다.

このブルージーンズはほこりまみれだけど、洗濯すれば履けそうだ。

이 청바지는 먼지투성이지만, 깨끗하게 세탁하면 입을 수 있을 것 같아.

汗まみれになって運動している彼に一目惚れしてしまった。

땀투성이가 되어서 운동하고 있는 그에게 한눈에 반해 버렸다.

✅ 체크 うちの子は毎日外で遊びまわって泥(① まみれ ② っぽく)になって帰ってくる。

～もさることながら　～은 물론이고, ～도 그렇지만

● 접속 | 명사

앞에서 제시하는 내용은 물론이고 뒤에 오는 내용도 그러하다는 의미로, 뒤에 나오는 내용이 더 강조된다. 「～はもちろん」과 같은 의미이다.

あの手品師はマジックもさることながら、トークが面白いんです。
저 마술사는 마술도 물론이지만 토크가 재미있어요.

専門的な知識もさることながら、コミュニケーション能力が要求されます。
전문적인 지식은 물론이고 커뮤니케이션 능력이 요구됩니다.

ここのラーメンは、麺もさることながら、スープのだしが効いていておいしい。
여기 라면은 면은 물론이고 국물도 육수를 제대로 우려내서 맛있다.

- -

✅ 체크　この_____ _____ ★_____ _____、出演俳優の演技がすばらしい。

① ストーリも　　② ことながら　　③ 映画は　　　④ さる

～ものがある　정말 ～하다, ～하는 데가 있다

● 접속 | 동사·い형용사·な형용사의 명사 수식형

어떤 대상의 눈에 띄는 특징을 잡아내어 그것에 대한 느낌을 말할 때 사용한다. 주로 감탄하는 내용이 많으며 문장체 표현이다.

あの監督の作品は人の心に響くものがある。
저 감독의 작품은 사람의 마음을 울리게 하는 데가 있다.

香取くんの絵の才能には注目すべきものがあります。

가토리 군의 그림에 관한 재능은 주목해야 할 데가 있습니다.

外国で10年も一人暮らしをするのは寂しいものがある。

외국에서 10년이나 혼자 사는 것은 정말 외롭다.

✔ 체크　彼の演説には人を感動させる（① ころがある　② ものがある）。

084

〜ものと思われる/〜ものとは思えない

〜라고 생각되다/〜라고 여겨지지 않는다

● 접속 | 동사의 보통형

어떤 내용에 대한 생각이나 느낌을 추측하여 말할 때 사용한다. 「〜と思われる」와 같은 의미이나 조금 딱딱한 표현이다.

あの表情を見ると、彼が真実を話したものとは思えない。

저 표정을 보면 그가 진실을 말했다고는 생각되지 않는다.

今度の調査で犯人が誰だか明らかになるものと思われる。

이번 조사로 범인이 누구인지 확실해질 것이라 생각된다.

朝寝坊ばかりしている彼女のことだから、時間通りに来るものとは思われない。

아침에 늦잠만 자고 있는 그녀니까 시간대로 올 거라고는 생각되지 않는다.

✔ 체크　この記録からして、オリンピックには＿＿＿＿ ★＿＿＿ ＿＿＿ ＿＿＿＿。

　　　　① できない　　　② ものと　　　③ 出場　　　④ 思われる

〜ものなら 〜했다가는, 〜라도 하게 되면

● 접속 | 동사의 의지형

➕ 플러스 의지형＋ものなら VS 가능형＋ものなら

만약에 어떤 일이 발생한다면 그 결과로 중대한 사태가 발생한다는 의미이다. 「もし〜たら」와 같은 의미의 표현이지만 약간 과장된 조건 표현이다.

ギャンブルで大損したなんて言おう**ものなら**、妻に追い出されるかもしれない。
도박으로 큰 손해를 봤다고 말**했다가는** 아내에게 쫓겨날지도 모른다.

あの男は怖い顔をしていて肩でもぶつけよう**ものなら**、殴られそうだ。
저 남자는 아주 무서운 얼굴을 하고 있어서 어깨라도 부딪치**게 되면** 맞을 것 같다.

ちょっとでも失敗しよう**ものなら**、先輩にひどく怒られる。
조금이라도 실수하**게 되면** 선배에게 엄청 혼난다.

✔ 체크 　彼女にその事実を言おう(① ようならば ② ものなら)、ふられてしまうと思う。

〜をいいことに 〜을 구실로, 〜을 (좋은) 기회로, 〜을 틈타

● 접속 | 명사/동사·い형용사·な형용사의 명사 수식형 の

彼は私が黙っているの**をいいことに**、文句ばかり言う。
그는 내가 침묵하고 있는 것을 **기회로** 불만만 말한다.

兄は親の留守**をいいことに**、友人を呼んで夜中まで騒いでいた。
형은 부모님이 안 계시는 **틈을 타** 친구를 불러 밤중까지 떠들고 있었다.

だんなは忙しいのをいいことに、家事を私だけに任せている。

남편은 바쁜 것을 **핑계로** 집안일을 나에게만 맡기고 있다.

✔ **체크** ＿＿＿＿ ＿＿＿＿ ＿★＿ ＿＿＿＿、生徒たちは文化祭の出し物の準備を全て先生にお願いしていた。

① 親切である ② いいことに ③ 先生が ④ のを

～をおいて ～을 제외하고, ～외에는

● 접속 | 명사

➕ **플러스** ～をおいて VS ～において

어떤 내용에 관해서 그것이 최고라는 의미이다. 「～をおいて」 뒤에는 부정 표현이 오는 경우가 많다.

スティーブジョブズをおいてアップル社の成長は考えられなかっただろう。

스티브 잡스를 **빼고** 애플사의 성장은 생각할 수 없었을 것이다.

一人で静かにゆっくり休める所は、ここをおいてほかにはない。

혼자서 조용히 푹 쉴 수 있는 곳은 이곳 **외에** 다른 곳은 없다.

神をおいて戦争をなくすことができる存在はこの世にいないのだろうか。

신을 **빼고** 전쟁을 없앨 수 있는 존재는 이 세상에 없는 것일까?

✔ **체크** 社長の適任者は、太田さんを(① おいて ② もって)いないと思います。

～を限りに _{かぎ} ～을 끝으로

～を限^{かぎ}りに ～을 끝으로

● 접속 | 명사

계속되었던 일이 어떤 시점을 마지막으로 끝난다는 의미이다. 관용적인 표현으로 '있는 힘껏 ～하다'의 의미로 사용된다. 예 生徒たちは声を限りに応援した。학생들은 목청껏 응원했다.

今年の大晦日^{おおみそか}を限^{かぎ}りに、この店は閉店^{へいてん}します。

올해 마지막 날을 끝으로 이 가게는 폐점합니다.

今月を限^{かぎ}りに議長^{ぎちょう}を辞任^{じにん}することになりましたので、ご了承^{りょうしょう}ください。

이번 달을 끝으로 의장을 사임하게 되었으므로 양해 바랍니다.

安室奈美恵^{あむろなみえ}さんは2018年9月16日の公演を限^{かぎ}りに引退した。

아무로 나미에 씨는 2018년 9월 16일 공연을 끝으로 은퇴했다.

✓ 체크　今日の放送を (① 限りに　② 限って) この番組^{ばんぐみ}を終了いたします。

～を禁じ得ない _{きん え} ～을 금할 길이 없다

～を禁^{きん}じ得^えない ～을 금할 길이 없다

● 접속 | 명사

감정을 강조하는 표현으로 정도가 너무 심해 그것을 참을 수 없다는 의미로 말하는 사람의 감정을 표현하기 때문에 1인칭 문장에 사용한다. 「涙 눈물」·「驚き 놀람」·「怒り 분노」·「同情 동정」 등의 감정을 나타내는 명사에 주로 접속한다.

生産地を偽装^{ぎそう}して肉を売るなんて、怒^{いか}りを禁^{きん}じ得^えない。

생산지를 허위 포장해 고기를 팔다니 분노를 금할 길이 없다.

友達が突然学校をやめて、私達は戸惑いを禁じ得なかった。

친구가 갑자기 학교를 그만둬서 우리들은 당혹감을 금할 길이 없었다.

この小説は今読み直してみても、涙を禁じ得ません。

이 소설은 지금 다시 읽어 봐도 눈물을 금할 길이 없습니다.

✔체크 いい年してそんな行動をするなんて驚きを(① 極まりないです ② 禁じ得ません)。

090

～を踏まえて ～을 토대로, ～에 근거하여

접속 | 명사

유사표현 | ～に基づいて ～에 근거해서

제시하는 내용을 판단의 근거로 삼는다는 의미이다. 앞의 내용을 전제로 하여 뒤의 내용이 이어진다는 의미도 있다. 「～を踏まえての·～を踏まえた+명사 (～을 토대로 한)」의 형태로 명사를 수식한다.

期末試験の採点結果を踏まえてクラス分けを実施します。

기말시험 채점 결과를 토대로 반 편성을 실시합니다.

私の状況を踏まえたアドバイスを頂けたら幸いです。

내 상황을 토대로 한 어드바이스를 받을 수 있으면 다행입니다.

この失敗を踏まえて、これから改善に向けて注力していきます。

이 실패를 토대로 앞으로 개선을 향해서 주력해 가겠습니다.

✔체크 会議での結論を(① 踏まえて ② 基づいて)、今後の計画を立てるつもりです。

1 한국어 해석을 참고로 괄호 안에 들어갈 말로 알맞은 것을 고르세요.

1. ヒマラヤで遭難し1週間になる。食料（　　　）水さえ残っていない。
히말라야에서 조난당한 지 1주일이 된다. 식료품은커녕 물조차 남아있지 않다.

2. 生徒に暴言を吐くなんて、教師として（　　　）ことだ。
학생에게 폭언을 하다니 교사로서 해서는 안 되는 일이다.

3. 自動車整備士の兄は、毎日油（　　　）になって帰宅する。
자동차 정비사인 형은 매일 기름투성이가 되어서 귀가한다.

4. 彼は外見も（　　　）、生き方が男らしいんですよ。
그는 겉모습은 물론이고 삶의 방식도 남자다워요.

5. 旅客船の沈没事故に遭った方々に対して深い同情（　　　）。
여객선 침몰 사고를 당한 분들에 대해서 깊은 동정을 금할 길이 없다.

6. 3年間担任した生徒がもう卒業だなんて、感慨深い（　　　）。
3년간 담임을 했던 학생이 벌써 졸업이라니 상당히 감개무량하다.

7. 相手が何も言わないの（　　　）、彼は自分の主張ばかりしている。
상대가 아무 말도 하지 않는 것을 구실로 그는 자신의 주장만 하고 있다.

8. 肺がんになってしまえば（　　　）だから、タバコはやめた方がいいよ。
폐암에 걸리면 그걸로 끝이니까 담배는 끊는 편이 좋아.

9. カンニングでもしよう（　　　）、すぐに退学ですよ。
커닝이라도 했다가는 바로 퇴학이에요.

10. 大けがをしてベッドで寝たきりだったが、一人でトイレに行ける（　　　）なった。
부상을 당해서 침대에 누워만 있었는데 혼자서 화장실에 갈 수 있는 정도까지는 되었다.

> ① あるまじき　② それまで　③ を禁じ得ない　④ まみれ　⑤ までに
> ⑥ ものなら　⑦ さることながら　⑧ はおろか　⑨ ものがある　⑩ をいいことに

2 힌트를 참고로 괄호 안에 들어갈 알맞은 문형을 찾아 쓰세요.

11. 誰がミスしたか（　　　）さておき、ミスを防ぐ方法を考えよう。

12. 明日から連休なので、新幹線は大混雑するもの（　　　）思われます。

13. このプロジェクトを任せられるのは、君（　　　）おいてほかにいないよ。

14. 今年度末を限り（　　　）40年のサラリーマン生活に終止符を打ちます。

15. 歴史的な背景（　　　）踏まえて、この映画を見ると、より興味深い。

> **힌트**
>
> ①は　②が　③を　④で　⑤から　⑥より　⑦に　⑧と　⑨の　⑩へ

3 다음 문장을 잘 읽고 괄호 안에 들어갈 말로 알맞은 것을 고르세요.

16. 親が警察のお偉いさんであるのを（① いいことに　② いいものに）、彼はやりたい放題している。

17. 祖母が亡くなり永遠にお別れをすることになった。（① 悲しい　② 悲しさ）を禁じ得ない。

18. 忙しくて、昼ご飯（① はおろか　② とばかりに）朝ご飯も食べられなかった。

19. 借金（① まみれ　② まじき）の苦しい生活を送っている。

20. 20世紀の技術革新には目を見張る（① ものがある　② のがある）。

> **정답**
>
> 1 ⑧　2 ①　3 ④　4 ⑦　5 ③　6 ⑨　7 ⑩　8 ②　9 ⑥　10 ⑤
> 11 ①　12 ⑧　13 ③　14 ⑦　15 ③　16 ①　17 ②　18 ①　19 ①　20 ①

問題7　次の文の（　　　　　）に入れるのに最も良いものを、1・2・3・4から一つ
　　　　選びなさい。

1　15年間生活した韓国とも（　　）お別れです。

　　1　今年を限りに　　2　今年限りに　　　3　今年の限りを　　4　今年限りを

2　これからは間違いのないように、今までの（　　）次の段階に進みましょう。

　　1　失敗を踏まえたうえで　　　　　　　2　失敗がゆえに

　　3　失敗しようにも　　　　　　　　　　4　失敗をよそに

3　原発事故で放射能による汚染（おせん）が深刻だったが、最近は基準値を（　　）。

　　1　下回りでもする　　　　　　　　　　2　下回ればそれまでだ

　　3　下回ってみせるぞ　　　　　　　　　4　下回るまでになった

4　釧路（くしろ）からいらっしゃったんですか。私も数年前に旅行で行きましたよ。（　　）、

　　今回のお取引の件ですが、お手元の資料のように進めていきたいのですが、いかが

　　でしょうか。

　　1　それはもちろん　2　それはさておき　3　それにつけて　　4　それにひきかえ

5　結婚式で母への手紙を朗読（ろうどく）した。（　　）文面（ぶんめん）が涙で見えなくなったが、何とか

　　最後まで読んだ。

　　1　胸に込みあげればそれまでで　　　　2　胸に込みあげないものでもなく

　　3　胸に込みあげてくるものがあり　　　4　胸に込みあげてきたものなら

6　世界の高速鉄道の話をするとき、新幹線（　　）話はできない。

　　1　において　　　　2　がおいて　　　　3　とおいて　　　　4　をおいて

7　うちの会社、残業代（　　）、給料日にまともに給料が支払われたことがないよ。

　　1　か否か　　　　　2　を機に　　　　　3　はおろか　　　　4　を受けて

8　八甲田山（はっこうださん）は紅葉（こうよう）（　　）、雪化粧した冬も絶景（ぜっけい）なんですよ。

　　1　しかなく　　　　2　もさることながら　3　だけに　　　　　4　を目当てに

問題8　次の文の＿＿＿▲＿＿＿に入る最も良いものを、1・2・3・4から一つ選びなさい。

9 妻に会社での愚痴(ぐち)を＿＿＿＿ ＿＿＿＿ ＿★＿＿ ＿＿＿＿、家庭には会社のことを持ち込まないでと怒られるんですよ。

1　疲れて 　　　　　　　　　　　　2　私も仕事で

3　帰ってくるんだから 　　　　　　4　こぼそうものなら

10 ホテルでは従業員が＿＿＿＿ ＿＿＿＿ ＿＿＿＿ ＿★＿＿無理難題(むりなんだい)を言ってくる人も多いと聞く。

1　お客様の要望に 　　　　　　　　2　いいことに

3　なるべく応えようと 　　　　　　4　しているのを

11 葬式(そうしき)中に、笑ってはいけないのは分かっているが＿＿＿＿ ＿＿＿＿ ＿★＿＿ ＿＿＿＿。

1　お経(きょう)を上げているのを 　　　2　笑いを禁じ得ない

3　聞いていると 　　　　　　　　　　4　お坊さんが

12 一生懸命に勉強しても、＿＿＿＿ ＿★＿＿ ＿＿＿＿ ＿＿＿＿禁物(きんもつ)ですよ。

1　それまでだから 　2　入試当日に 　3　体調を崩してしまえば 　4　無理は

13 長谷川(はせがわ)さんは夫として＿＿＿＿ ＿＿＿＿ ＿★＿＿ ＿＿＿＿そうですよ。

1　別れることになった 　　　　　　2　言ってしまい

3　妻に 　　　　　　　　　　　　　4　言うまじきことを

14 子供が小麦粉(こむぎこ)＿＿＿＿ ＿★＿＿ ＿＿＿＿ ＿＿＿＿をしている。

1　てんぷらの 　　2　懸命に 　　3　下準備 　　4　まみれになりながら

15 津波が石巻市(いしのまきし)を襲(おそ)い、＿＿＿＿ ＿★＿＿ ＿＿＿＿ ＿＿＿＿広がっていた。

1　この世のもの 　2　光景が 　　3　とは思えない 　4　地獄絵図(じごくえず)のような

16 「首都圏のラッシュって酷(ひど)いですね。僕は＿＿＿＿ ＿＿＿＿ ＿★＿＿ ＿＿＿＿がありますよ。」

「そのうちに慣れますよ。」

1　つらいもの 　　2　毎日電車で 　3　出社(しゅっしゃ)するのは 　4　田舎育(いなかそだ)ちだから

問題9　次の文章を読んで、文章全体の内容を考えて　17　から　21　の中に入る最も
良いものを、1・2・3・4から一つ選びなさい。

風船や病院の磁気共鳴断層撮影装置(MRI)などに欠かせないヘリウムガスが世界的
な　17　。大半を産出する米国が自国での消費を優先したこともあり、価格が高騰して日
本への輸入が激減。ヘリウムを使う実験や研究にも影響が出始めた。日本物理学会など
は、ヘリウムのリサイクルや備蓄で産官学が協力するように求める緊急声明を出した。

東京ディズニーランドの売り場で10月末、キャラクターをかたどった風船が消えた。風
船を浮かすヘリウムの在庫がなくなったからだ。運営するオリエンタルランドの広報担
当者は「毎月入手できた分だけ販売しており、　18　と月に数日間、風船の販売を中止し
ている。」と語った。

ヘリウムの卸業者によると、入荷量は今年になって減り始め、　19　ここ数か月は以前
の3〜4割。今は入荷すればすぐ売れる取り合い状態だという。

娯楽向けだけでなく、大半は病院のMRIや半導体の製造などで使われる。液体に
なると窒素よりはるかに低い零下269度まで冷やせたり、強い磁場を作ったりできる。
日本は100%輸入していて、6割強を米国に頼ってきた。米国から日本への輸入量はここ
10年で半減。価格は2.3倍になった。工業向けの需要が中国やインドなどで増えている
ことも背景にある。

国内では病院などに優先的に供給されているが、大型の気球で高層大気を観測して
いる宇宙航空研究開発機構(JAXA)のグループは今年度、計画した6回の実験のう
ち1回しかできなかった。吉田グループ長は「実験できないとデータの連続性が失
われ、論文が書けなくなる。」と　20　。

国内で販売される4分の3は回収されずに大気放出されている。そこで東京大物性
研究所は10月、使い終わって気体になったヘリウムを他機関から受け入れ、自前設備
で冷やし直して液体にリサイクルする事業を始めた。

物理学会の副会長の勝本氏は「危機的な状況になる前に対策を取らないと、　21　産
業界も困ることになる。」と話した。

引用：朝日新聞 一部改変。

17

1 供給不足にしている

2 供給不足に落ちている

3 供給不足に陥っている

4 供給不足に踏み込んでいる

18

1 底を突く   2 底を打つ   3 底を押す   4 底を割る

19

1 はっと   2 まんざら   3 しいて   4 ことに

20

1 なしくずす   2 なげく   3 なだめる   4 ないがしろにする

21

1 研究者のみで

2 研究者もさることながら

3 研究者をもって

4 研究者に至って

091

~いかんだ/~いかんによっては/~いかんによらず

~의 여하에 달려있다 / ~의 여하에 따라서는 / ~의 여하에 상관없이

● 접속 | 명사 (の)

유사표현 | ~次第で/~次第だ ~에 따라/~에 달려 있다, ~일 따름이다

「~いかんだ」는 제시하는 조건이나 상황에 따라 그 일의 실현 여부가 결정된다는 의미이다. 「~による ~에 따르다」·「かかわる 관련되다」·「問う 묻다」와 함께 사용되어 「~いかんによっては ~의 여하에 따라서는」·「~いかんによらず ~의 여하에 따르지 않고」·「~いかんにかかわらず ~의 여하와 관계없이」·「~いかんを問わず ~의 여하를 불문하고」와 같이 다양한 형태로 사용된다.

今度の研究プロジェクトが成功するかどうかは、貴社の協力いかんです。
이번 연구 프로젝트가 성공할지 어떨지는 귀사의 협력 여하에 달려 있습니다.

視聴者の反応いかんでは、放送の打ち切りもあり得る。
시청자의 반응 여부에 따라서는 방송 중지도 있을 수 있다.

授業の出欠状況のいかんによっては、ビザの更新ができない場合もある。
출결 상황 여부에 따라서는 비자 갱신을 할 수 없는 경우도 있다.

理由のいかんによらず、一分でも遅刻したら欠席と見なされる。
이유 여하를 불문하고 1분이라도 지각하면 결석으로 간주합니다.

- -

✅ 체크　この＿＿＿＿ ＿＿＿＿ ★ ＿＿＿＿、誰でも入寮できる。

① 国籍の　　　② かかわらず　　　③ いかんに　　　④ 学生寮は

092

~かいがある/~かいがない ~한 보람이 있다/~한 보람이 없다

● 접속 | 명사 の/동사의 ます형·た형

어떤 행동이 기대했던 결과를 가져왔다는 의미이며, 반대로 기대했던 성과가 없는 경우 「~かいが

ない를 사용한다. 동사의 ます형에 접속하는 경우는 다음회에서 「-がいがある」가 된다.

彼女は基本的に勉強が好きだし、飲み込みも速いから教えがいがある。

그녀는 기본적으로 공부를 좋아하고 습득도 빠르므로 가르치는 보람이 있다.

努力したかいもなく、今度の人事異動で昇進できなかった。

노력한 보람도 없이 이번 인사이동에서 승진하지 못했다.

一生懸命運動したかいがあって、10kgもやせて体の調子もよくなった。

열심히 운동한 보람이 있어서 10kg이나 빠지고 몸도 건강해졌다.

✅ 체크   給料は少なくても、(① やりがい ② やりきり)のある仕事がしたい。

093

〜限りだ 매우 〜하다, 〜하기 짝이 없다

🔵 접속 | い형용사·な형용사의 명사 수식형

말하는 사람의 감정을 강조하는 표현이다. 「うれしい」·「残念だ」·「寂しい」 등과 같은 감정을 나타내는 형용사와 함께 쓰인다.

海外で迷子になって、心細い限りでした。

해외에서 길을 잃어버려 불안하기 짝이 없었습니다.

一流企業への就職をみんなに祝福されて、嬉しい限りだった。

일류기업에 취직된 것을 모두가 축하해 주어서 매우 기뻤다.

仲良しの心美ちゃんが大阪に転勤することになって、残念な限りだ。

친한 친구인 고코미가 오사카로 전근가게 되어서 아쉽기 짝이 없다.

✅ 체크   今までの努力が実った結果になってうれしい(① 極まりない ② 限りです)。

〜(た)が最後 일단 〜했다 하면

● 접속 | 동사의 た형

일단 어떤 동작을 하게 되면 좋지 않은 상황이 되어버린다는 의미로 부정적인 결과를 강조하는 표현이다. 「〜たら最後」의 형태로도 사용할 수 있다.

あの男はこの業界の顔役で、彼に睨まれたが最後だ。
저 남자는 이 업계에서 유력자이므로 그에게 찍히면 그걸로 끝이다.

私はたまごを食べたが最後、アレルギー反応を起こしてしまう。
나는 일단 계란을 먹었다 하면 알레르기 반응을 일으키고 만다.

消費者からの信頼はいったん失ったが最後、取り戻すことは難しい。
소비자의 신뢰는 일단 잃어버리면 되돌리기 어렵다.

. . . .

✅ 체크　父が_____ _____ ★_____ _____。いつ終わるか分からない。

① 話を　　　② 最後だ　　　③ 軍隊での　　　④ しゃべり出したが

〜かたがた 〜할 겸, 〜겸해서

● 접속 | 명사

유사표현 | 〜がてら 〜할 겸

어떤 동작을 하는 김에 다른 목적도 함께 달성한다는 의미이다. 격식을 차린 표현으로 주로 편지나 비즈니스 등에 사용된다.

取り急ぎ書面をもちまして、お礼かたがたご挨拶申し上げます。
우선 급한 대로 서면으로 답례 겸 인사를 드립니다.

遅くなりましたが、本日お詫び^わかたがた、ご注文の品^{しな}をお持ちします。

늦었습니다만 오늘 사과를 **겸해서** 주문 상품을 가지고 가겠습니다.

長い海外生活、近況報告^{きんきょうほうこく}かたがた、親戚^{しんせき}に手紙を書いた。

오랜 해외 생활의 근황 보고도 **할 겸해서** 친척에게 편지를 썼다.

- -

✅ **체크**　ご挨拶(① ながらに　② かたがた)、先生のお宅を伺いました。

096

～かたわら ～하는 한편, ～하면서

● **접속** | 명사 の/동사의 사전형

주로 직업을 나타내는 말과 함께 쓰여 두 가지 일을 병행한다는 의미이다. 어떤 동작을 동시에 한다는 의미가 아니므로 주의해야 한다.

彼女は女優として活躍^{かつやく}する**かたわら**、作家としても知られている。

그녀는 여배우로서 활약**하는 한편** 작가로서도 알려져 있다.

彼は子育ての**かたわら**、塾^{じゅく}で数学を教えている。

그는 육아를 **하면서** 입시 학원에서 수학을 가르치고 있다.

福山^{ふくやま}さんは会社に勤^{つと}める**かたわら**、週末は翻訳^{ほんやく}の仕事をしている。

후쿠야마 씨는 회사에 근무**하는 한편** 주말에는 번역 일을 하고 있다.

- -

✅ **체크**　石田^{いしだ}さんは学校に通う(① ついでに　② かたわら)、家業の食堂も手伝っている。

〜がてら　〜하는 김에

● 접속 | 명사/동사의 ます형

유사표현 | 〜かたがた 〜할 겸, 〜겸해서

어떤 일을 하는 김에 다른 동작도 같이할 때 사용한다. 즉 하나의 동작에 두 가지 목적이 있다는 의미이다.

神社のお祭りを見物がてら、夜店でものぞいて来ようよ。

신사의 축제를 구경하는 김에 밤거리의 노점이라도 들러보자.

友達を駅まで送りがてら、駅ビルで買い物をしようと思っている。

친구를 역까지 바래다주는 김에 역에 있는 빌딩에서 쇼핑하려고 해.

出張がてら、ロンドン駐在の知り合いに会うつもりだよ。

출장 가는 김에 런던에 사는 지인을 만날 생각이야.

. . . .

✅ **체크**　ドライブ(① がてら　② 兼ねて)、近くの海まで行って来ましょう。

〜からある/〜からする　〜이나 되는 / 〜이나 하는

● 접속 | 명사

무게나 길이 같은 수량을 나타내는 명사에 접속해 그것이 많거나 크다는 것을 강조할 때 사용하는 표현이다. 「〜からの」의 형태로도 사용하며, 금액이 많음을 강조할 때는 「〜からする」를 사용한다.

遺跡から100点からある陶磁器が出土した。

유적으로부터 100점이나 되는 도자기가 출토되었다.

50ページからある文書を一晩で訳さなければならない。

50페이지나 되는 문서를 하룻밤에 번역해야만 한다.

230万ウォンからするベビーカーを並んでまで買うなんて、おかしくない？

230만원이나 하는 유모차를 줄까지 서서 사다니 이상하지 않아?

✓ 체크　50キロ(① からある　② にある)荷物を一人で運ぶのは無理です。

099

～ぐらいでないと ～정도가 아니면

접속 | 명사/동사의 보통형

앞의 내용을 만족시키지 않으면 뒤의 내용이 실현될 수 없다는 조건 표현이다. 「～くらいでないと」
의 형태로 사용해도 된다.

上司のうるさい小言に我慢できるぐらいでないと、会社生活は容易ではないだろう。

상사의 성가신 잔소리를 견딜 수 있을 정도가 아니면 회사 생활은 쉽지 않을 거야.

年収500万円ぐらいでないと、余裕のある生活はできない。

연 수입이 500만 엔 정도가 아니면 여유가 있는 생활은 불가능하다.

運動は疲れるぐらいでないとだめですか。

운동은 지칠 정도가 아니면 안 되나요?

✓ 체크　これくらいの_____ ★_____ _____、成功は望めません。

　　　① でないと　　② 耐えられる　　③ 苦難に　　④ くらい

100

～こそ ～が　～은 ~해도, ~은 ~지만

● 접속 | 명사/동사의 **ます형**

「こそ」 앞에서 어떤 행동이나 상황 등을 강조하고 뒷부분에서는 그 상황으로 예상되는 결과와는 반대의 사실이 나온다.

料理を作り**こそ**した**けど**、できはいまいちだ。
요리를 만들기는 했지만, 맛은 조금 부족하다.

彼は歌**こそ**上手じゃない**が**、立派なダンスでとても人気だそうだ。
그는 노래는 잘 못하지만, 멋진 춤으로 매우 인기라고 한다.

口に**こそ**出しませんでした**が**、社長の判断には賛成できません。
입 밖으로 내지는 않았지만, 사장님 판단에는 찬성할 수 없습니다.

- -

✅ **체크**　この生徒は＿＿＿＿ ＿＿＿＿ ＿★＿＿ ＿＿＿＿あまりよくない。

① ノート　　② 成績は　　③ きちんと取るが　　④ こそ

101

～ことだし　～하기도 하니까

● 접속 | 명사·동사·い형용사·な형용사의 명사 수식형

어떤 판단이나 결정의 이유가 되는 내용을 강조할 때 사용한다. 회화체 표현인 「～し、～し」와 같은 의미이지만 좀 더 격식을 차린 표현이다.

梅雨も明けた**ことだし**、いよいよ本格的な夏がやってきます。
장마도 끝나기도 했고 드디어 본격적인 여름이 찾아올 거예요.

年末も近いことだし、友達を集めて忘年会でもやろうと思っている。

연말도 가깝고 하니 친구들을 모아서 망년회라도 하려고 합니다.

明日から3連休であることだし、みんなでどこか遊びに行かない？

내일부터 3일 연속 휴일이고 하니 다 같이 어딘가 놀러 가지 않을래?

. . . .

✔ 체크　新年を迎えた(① ことだし　② ものなら)、挨拶がてら先生のお宅に伺いました。

102

〜始末だ _{しまつ} 〜하는 꼴이다, 〜하는 지경이다

● 접속 | 동사의 사전형/この·あの

어떤 동작의 결과로 인해 매우 난감한 상황에 처해 있다는 의미이며, 비난하는 느낌을 표현한다. 「〜あげく 〜한 끝에」·「〜末に 〜한 끝에」와 함께 사용되는 경우가 많고, 「このしまつだ」·「あのしまつだ」와 같이 관용적으로도 사용된다.

不法滞在して、強制送還される始末だ。

불법 체류를 해서 강제 송환될 지경이다.

激務に追われて毎日残業したあげく、過労で倒れるしまつだ。

격무에 쫓겨서 매일같이 야근한 끝에 과로로 쓰러질 지경이다.

ちょっと目を離したら、このしまつだ。部屋中が散らかっている。

잠시 눈을 뗐더니 이 꼴이다. 방 전체가 어질러져 있다.

. . . .

✔ 체크　度重なる無断欠勤の末、首になる(① 限りだ　② 始末だ)。

～ずにはおかない・～ないではおかない

반드시 ～하고야 말겠다, 반드시～하게 된다

● 접속 | 동사의 ない형

➕ 플러스 | ～ずにはおかない VS ～ずにはすまない

(1) 반드시 어떤 동작을 하겠다는 말하는 사람의 적극적이고 강한 의지를 표현한다.

(2) 어떤 과정을 거쳐 자연스럽게 그렇게 되었다는 결과를 강조하는 의미도 있다.

あんなひどい事をされたのだから、仕返しをせずにはおかない。(1)

그렇게 심한 일을 당했으니까 반드시 복수하고야 말 것이다.

消費者は製品の値上げに反対しないではおかないだろう。(1)

소비자는 제품의 가격 인상에 반드시 반대할 것이다.

この町には歴史の重さを感じさせないではおかない何かがあると思う。(2)

이 거리에는 역사의 무거움을 느끼게 하는 무언가가 있다고 생각해.

● ●

☑ 체크　彼女のスピーチは_____ _____ __★__ _____。

① 感動を　　　② おかなかった　③ 聞く者に　　④ 与^{あた}えずには

～そばから　～하는 족족, ～하자마자, ～하기가 무섭게

● 접속 | 동사의 사전형·た형·ている형

➕ 플러스 | ～そばから VS ～や否や～

어떤 동작을 한 후에 바로 다음 동작을 한다는 의미로, 한 번으로 끝나는 동작이 아니라 반복적으로 일어나는 동작을 표현하며 바람직하지 않은 일에 쓰이는 경우가 많다.

畑^{はたけ}に種^{たね}をまいたそばから、全部鳥に食べられてしまった。

밭에 씨앗을 뿌리는 족족 전부 새가 먹어버렸다.

娘は部屋を片付ける**そばから**また散らかしてしまうんですよ。
딸은 방을 정리하기가 **무섭게** 또 어질러 버리거든요.

聞いた**そばから**忘れるなんて、上の空で聞いているはずだ。
듣자마자 잊어버리다니 분명 건성으로 듣고 있음이 틀림없다.

. . . .

✓ **체크** これから禁煙すると言った(① かたわら ② そばから)、また煙草を吸い始める。

105

〜そびれる ～못하고 말다, ～할 기회를 놓치다

● **접속** | 동사의 ます형

어떤 동작을 할 기회를 놓쳐서 그 동작을 하지 못했다는 의미로, 주로 「言いそびれる」・「寝そびれる」 등의 형태로 사용된다. 비슷한 표현으로 쓰이는 「〜損なう ～할 기회를 놓치다」도 같이 알아두자. **예** 朝寝坊していつもの電車に乗りそこなった。 아침에 늦잠을 자서 항상 타는 전철을 놓쳤다.

言い**そびれ**ましたが、私既婚者です。
말할 기회를 놓쳤습니다만 저 기혼자입니다.

昨日読んでいた小説に夢中になりすぎて、寝**そびれて**しまった。
어제 읽고 있던 소설에 너무 빠져서 잠을 설치고 말았다.

先ほどお伝えし**そびれて**しまったので、また後日ご連絡いたします。
조금 전에 전할 기회를 놓쳤기 때문에 다시 나중에 연락드리겠습니다.

. . . .

✓ **체크** 忙しくて昼食を(① 食べそびれて ② 食べ切れて)しまうこともあります。

1 한국어 해석을 참고로 괄호 안에 들어갈 말로 알맞은 것을 고르세요.

1. こんなに美しい風景が見られるなんて、8時間掛けて頂上まで登った（　　）。
이렇게 아름다운 풍경을 볼 수 있다니 8시간 걸려서 정상까지 올라온 보람이 있었다.

2. 視聴者に生意気(なまいき)と言われる（　　　）、タレントとして名前は売れませんよ。
시청자에게 건방지다라는 말을 들을 정도가 아니면 탤런트로서 지명도는 올라가지 않아요.

3. ドリアンは匂い(にお)い（　　　）悪いけど、食べるとおいしいんですよ。
두리안은 냄새는 나쁘지만 먹으면 맛있거든요.

4. 期末試験も終わった（　　　）、皆でパーッとカラオケにでも行かない？
기말 시험도 끝났고 다 같이 노래방이라도 안 갈래?

5. 石田純一(いしだじゅんいち)さんは不倫は文化だと開き直る（　　　）。
이시다 준이치 씨는 불륜은 문화라고 뻔뻔하게 말하는 지경이다.

6. 9年連続で優勝を逃(のが)した。今年こそは勝たずには（　　　）ぞ。
9년 연속으로 우승을 놓쳤다. 올해는 반드시 이기고야 말 것이다.

7. 英単語って、覚えた（　　　）忘れていくんですよね。
영단어라는 것은 외우는 족족 잊어버리는군요.

8. 小村(こむら)先生は数学の教師をなさる（　　　）、ボクシングのリングアナウンサーもなさっている。
고무라 선생님은 수학 교사를 하시면서 복싱 링아나운서도 하시고 있다.

9. 高さ15メートル（　　　）津波(つなみ)が、沿岸部(えんがんぶ)を襲(おそ)った。
높이 15미터나 되는 쓰나미가 연안부를 덮쳤다.

10. 政府が重要な書類を処分したとは、愚(おろ)かな（　　　）です。
정부가 중요한 서류를 처분했다라니 어리석기 짝이 없습니다.

---

① 限り　② おかない　③ こそ　④ ぐらいでないと　⑤ かたわら
⑥ かいがあった　⑦ ことだし　⑧ からある　⑨ そばから　⑩ 始末だ

2 힌트를 참고로 괄호 안에 들어갈 알맞은 문형을 찾아 쓰세요.

11. 成績いかん（　　）奨学金の支給を停止することもあります。

12. うちの旦那は給与をもらうそば（　　）使っちゃうんですよ。

13. すし職人になって10年くらい（　　）ないと、一人前とは言えません。

14. 今日は一日中両親もいない（　　）だし、家で羽を伸ばそう。

15. 上司に嫌われた（　　）最後、昇進は望めません。

> **힌트**
>
> ① は　　② で　　③ に　　④ が　　⑤ まで
> ⑥ から　⑦ もの　⑧ こと　⑨ には　⑩ では

3 다음 문장을 잘 읽고 괄호 안에 들어갈 말로 알맞은 것을 고르세요.

16. せっかくの修学旅行なのに、前日に高熱を出し（① 行かそびれた　② 行きそびれた）。

17. 飛行機の搭乗時刻を（① 待つがてら　② 待ちがてら）お得意様にメールでも書くか。

18. 駿君はマイクを（① 持ったのが最後　② 持ったが最後）、歌い続けるんだよ。

19. （① 夕涼み　② 夕涼みする）かたがた、多摩川まで散歩しに行った。

20. あいつは僕に（① 謝り　② 謝る）こそしたが、絶対に許さない。

> **정답**
>
> 1 ⑥　2 ④　3 ③　4 ⑦　5 ⑩　6 ②　7 ⑨　8 ⑤　9 ⑧　10 ①
> 11 ②, ⑩　12 ⑥　13 ②　14 ⑧　15 ④　16 ②　17 ②　18 ②　19 ①　20 ①

問題1 次の文の（　）に入れるのに最も良いものを、1・2・3・4から一つ選びなさい。

1 彼は大学生の（　　　）、地下アイドルとしても活躍しているらしいよ。

1　ながら　　　　　2　かたわら　　　　3　がてら　　　　4　かたがた

2 （　　　）、地方の学生にとっては、高額な通学定期券は命の次に大切だ。

1　なくしたが最後　　　　　　　2　なくしたものなら

3　なくすか否か　　　　　　　　4　なくせばこそ

3 今朝、寝坊し、朝ご飯を（　　　）、まだ10時なのにおなかがペコペコだよ。

1　食べてからというもの　　　　2　食べつつあったし

3　食べざるを得なかったので　　4　食べそびれてしまったから

4 2027年度開業予定の中央新幹線は、リニアモーターカーなので、距離が285ｋｍ
（　　　）東京・名古屋間を40分で結ぶ予定だ。

1　まである　　　　2　でもある　　　3　にもある　　　4　からある

5 もう80歳だから、最近は階段を上るだけでも、（　　　）です。

1　息が合う始末　　2　息が切れる始末　3　息を殺す始末　　4　息をのむ始末

6 「今日の飲み会の件ですけど、高橋さんにも（　　　）、来てほしくないですね。」
「そうだよな。あいつ、酒癖が悪くて、すぐに他のやつに絡むからね。」

1　声を掛けこそしましたが　　　　2　話しておいたことですし

3　伝えたものなら　　　　　　　　4　誘いようによっては

7 先月からニューヨークで単身赴任していますが、知り合いもいないので（　　　）。

1　寂しいを禁じえません　　　　　2　やるせないだけです

3　心細い限りです　　　　　　　　4　か弱いばかりです

8 （　　　）、喫茶店に寄って一服してくるか。

1　区役所に行かがてら　　　　　　2　散歩がてら

3　医者で診察を受けるがてら　　　4　ジムで汗を流せがてら

問題2　次の文の＿★＿に入る最も良いものを、1・2・3・4から一つ選びなさい。

9 日本のコンビニの＿＿＿＿ ＿★＿ ＿＿＿＿ ＿＿＿＿使用できます。

　　1　トイレが　　　　 2　ほとんどでは　　 3　いかんによらず　 4　商品の購入の

10 「うちの息子ったら、私が食事を作ってあげても、おいしい＿＿＿＿ ＿★＿ ＿＿＿＿
　　　　＿＿＿＿わ。」

　　　「うちもそうよ。中学生の男の子なんて、そんなものよ。」

　　1　ありがとうとも　 2　作りがいがない　 3　言わないから　　 4　とも

11 上海への＿＿＿＿ ＿＿＿＿ ＿★＿ ＿＿＿＿。本当に素敵な都市でした。

　　1　きました　　　　　　　　　　 2　出張かたがた

　　3　観光して　　　　　　　　　　 4　蘇州まで足を伸ばし

12 雨の日だって雪の日だって、＿＿＿＿ ＿★＿ ＿＿＿＿ ＿＿＿＿のは無理ですよ。

　　1　オリンピックで　　　　　　　 2　金メダルを取る

　　3　ぐらいでないと　　　　　　　 4　死ぬ気で練習する

13 今年のゴールデンウィークは＿＿＿＿ ＿＿＿＿ ＿★＿ ＿＿＿＿と思っているんです
　　が、金欠で行けそうにもありません。

　　1　であることだし　 2　どこか遠くへ　　 3　10連休　　　　　 4　旅行に行きたい

14 君の言動は、一緒に＿＿＿＿ ＿＿＿＿ ＿★＿ ＿＿＿＿。自らの言動に責任を持ってく
　　ださい。

　　1　プロジェクトを　　　　　　　 2　不信感を与えないでは

　　3　進めている仲間に　　　　　　 4　おかないんですよ

15 この店は食事をしている＿＿＿＿ ＿＿＿＿ ＿★＿ ＿＿＿＿落ち着かない。

　　1　どうも　　　　 2　空いた皿を　　 3　そばから　　　　 4　下げていくから

16 信頼というものは＿＿＿＿ ＿★＿ ＿＿＿＿ ＿＿＿＿であるから気を付けるべきである。

　　1　取り戻すのは　 2　失ったが最後　 3　困難なこと　　 4　非常に

問題3　次の文章を読んで、文章全体の内容を考えて 17 から 21 の中に入る最も良いものを、1・2・3・4から一つ選びなさい。

　関西に住む十年来の友人と、年に一度、この季節に会う。某アーティストの大ファンである彼女は、年末のコンサートを心の支えに日々生きているという。今年のチケットも、無事取れたそうだ。しかし持病を抱える彼女にとって、大勢の人がごった返しになるドームコンサートに1人で行くのは、相当ハードルが高い。そんなわけで、私が 17 、大阪に1泊旅行をするのが恒例になった。

　去年よりも確実に体調は良くないらしく、今年はついに車椅子に乗っていくという。と言っても、まったく歩けないわけではない。「備えあれば憂いなし」ということで用意した車椅子で出かけたことは、まだ一度だけだとのことだ。病歴は長いが、車椅子には 18 素人さんだ。

　こちらも、車椅子を押したことはほぼない。ほぼ、と言うのは、伯父夫婦の旅行にくっついて京都を巡った際、車椅子を押す予定があるにはあったのだ。足の不自由な伯父は、車の運転が好きで日本全国 19 旅行するのを趣味にしていたが、歩くときは杖をつくため、お寺など砂利が敷き詰められたような場所へは入れなかった。駐車場で待つと言う伯父を残し、伯母はいつも1人で観光していたそうだ。私が同行した京都旅行で行ったお寺には、車椅子の貸し出しサービスがあった。乗ってみようということになり、当時まだ20歳そこそこだった私が車椅子のハンドルを握った。砂利にも耐えられるよう、タイヤが太い特別仕様の車椅子だったが、ぐっと押した瞬間、石が沈んでバランスが崩れ、伯父が「うわっ。」と前に突き出した。全員にヒヤッと緊張が走る。そのひと押しで懲りた伯父は、今回も駐車場に残ることした。お役には立てずに 20 。

　1年ぶりに会った友は、まったく病人に見えない。またファッションセンスがいいためか、年齢の割には若く見える。その彼女を車椅子に乗せ、ついにリベンジするときが来た！いきなりドームは怖いので、試しに宿泊先のホテルの周辺で乗ってみることにした。彼女のオススメのたこ焼きを買いに、心斎橋へ繰り出した。

　押す側の私の課題は、やはりハンドル操作だ。ちょっとした段差や点字ブロック、アスファルトの継ぎ目やマンホールのへこみに阻まれ、なかなかスムーズに歩けない。わずかの高低差でも、前から突っ込むと足乗せが地面に擦る

ため、ターンして後ろ向きにならなくてはいけない。思った以上にテクニック
を要する。一方、乗る側の友は、心理的にも肉体的にもよりダイレクトにダメ
ージを食らう。振動もあるし、乗っているだけで腰も肩も張るので、決して
楽しているわけではない。人混みの中、自分だけ腰の高さに視線があるのは怖
いし、慣れない立場に緊張もする。さらに厄介^{（やっかい）}なことに、彼女は若く、見た目
も病人という感じではない。大人は直視こそしてこないが、子どもは二度見し
て、「なんでこの人が車椅子に乗ってるの？」という視線を $\boxed{21}$ 投げてきた。
彼女にとっては、ここがいちばんのネックだ。たくさんの薬を飲み、常に痛み
を抱え、口癖^{（くちぐせ）}は「痛い痛い」だけど、病人っぽくない。このイメージ問題はか
なり根深い。

　今日はプレデビューで、本番は明日のコンサート。いろんな意味で、ドッキ
ドキ！

引用：日本経済新聞　一部改変

17
1　付き添いの一方で　　　　　　　　2　付き添いかたがた

3　付き添いぐらいでないと　　　　　4　付き添うわけで

18
1　乗り慣れていない　　　　　　　　2　乗り過ぎている

3　乗り込んでいる　　　　　　　　　4　乗りかねない

19
1　津々浦々^{（つ つ うら うら）}　　2　津浦津浦^{（つ うら つ うら）}　　3　浦々津々^{（うら うら つ つ）}　　4　浦津浦津^{（うら つ うら つ）}

20
1　終わってしまう始末だった　　　　2　終わってしまった始末だ

3　終わってしまった始末だった　　　4　終わってしまった始末であった

21
1　稚拙に^{（ち せつ）}　　　　2　露骨に^{（ろ こつ）}　　　　3　適宜に^{（てき ぎ）}　　　　4　故に^{（ゆえ）}

106

～だに ～조차, ～하는 것만으로도

● 접속 | 명사/동사의 사전형

「～だに」는 접속 형태에 따라 「명사+だに+동사의 부정 표현」은 '~조차'의 의미로 쓰이고, 「동사의 사전형+だに+형용사」는 '~하는 것만으로도'의 의미로 쓰인다. 「夢にだに 꿈에서조차」처럼 문장 상황에 따라 조사가 들어가는 경우도 있다.

クローン技術で人間を作るなんて、考えるだに恐ろしい。
복제 기술로 인간을 만들다니 생각하는 것만으로도 무섭다.

「愛しているよ」という言葉は、口に出すだに恥ずかしいよ。
'사랑해'라는 말은 입 밖에 내는 것만으로도 부끄러워.

アイドルグループのメンバーに選ばれるなんて、夢にだに思わなかった。
아이돌 그룹 멤버로 뽑히다니 꿈에서조차 생각하지 못했다.

✓ 체크 戦争のことなんか想像する(① こそ ② だに)恐ろしい,

107

～て(は)かなわない ～해서(는) 견딜 수 없다, ～하면 안 된다

● 접속 | 동사의 て형/い형용사의 어간 くて/な형용사의 어간 で

어떤 내용에 대한 현재의 불만이나 불평을 말할 때 사용한다. 어떠한 상황 또는 그 동작을 하는 것이 곤란하다는 의미로도 쓰인다.

いくら猛暑の夏といっても、毎日こう暑くてはかなわない。
아무리 폭염의 여름이라고 해도 매일 이렇게 더워서는 견딜 수 없다.

家賃が安いのはいいけど、エレベーターもなくこんなに不便ではかなわない。

집세가 싼 건 좋지만 엘리베이터도 없고 이렇게 불편해서는 견딜 수 없다.

訴えられてはかなわないので、ロゴマークのデザインを修正した。

고소당하면 안 되므로 로고 마크의 디자인을 수정했다.

✅ **체크** いくら初心者とはいえ、こんな_____ _____ __★__ _____。

① 簡単な　　　② できなくては　③ ことも　　　④ かなわない

108

〜であれ/〜であれ〜であれ ~라 할지라도/~이든 ~이든

● 접속 | 명사/な형용사의 어간

➕ **플러스** 〜であれ〜であれ VS 〜なり〜なり

⑴ 어떠한 경우에도 결과적으로 달라지는 것은 없다는 의미이다.
⑵ 「〜であれ〜であれ」의 형태로 사용하여 두 가지 예를 들고 그 두 가지가 모두 해당된다는 의미로 사용된다.

子供であれ、公共の場でマナーを守るように教育すべきだ。

아이라 하더라도 공공장소 예의를 지키도록 교육해야 한다.

ゴキブリであれ、アリであれ、命は大切なものだ。

바퀴벌레든 개미든 생명은 소중한 법이다.

正社員であれ、契約社員であれ、仕事に対する意欲は同じだ。

정사원이든 계약 사원이든 일에 대한 의욕은 똑같다.

✅ **체크** どんな理由(① であれ　② ですら)、人を殴るのは立派な犯罪だ。

〜てからというもの ~하고 나서 계속

● 접속 | 동사의 て형

어떤 일이 일어난 후에 계속해서 그 상태가 유지되고 있다는 의미이다. 「〜てから ~하고 나서」는 단순히 시간의 전후 관계를 나타내지만, 「〜てからというもの」는 어떤 일이 일어나고 계속 유지됨을 의미한다는 점이 다르다.

この子が生まれてからというもの、我が家は花が咲いたように明るくなった。
이 아이가 태어나고 나서 우리 집은 꽃이 핀 것처럼 밝아졌다.

遠藤さんと出会ってからというもの、毎日サッカー一色です。
엔도 씨와 만나고 나서 매일 축구 일색입니다.

ここは知人に紹介してもらってからというもの、頻繁に通っている。
이곳은 지인에게 소개받고 나서 빈번하게 드나들고 있다.

．．

✓ 체크 　＿＿＿　★＿＿＿　＿＿＿　＿＿＿　、頭痛もなくなり体調がよくなった。

① というもの　　② 完全に　　　③ から　　　　④ 禁酒して

〜でなくてなんだろう

~가 아니고 무엇이란 말인가, 이것이야말로 바로 ~이다

● 접속 | 명사

주로 소설이나 수필 등에서 주관적인 감정을 강조할 때 사용한다. 「悲劇 비극」·「愛 사랑」·「宿命 숙명」·「幸せ 행복」·「真実 진실」·「運命 운명」 같은 명사와 함께 쓰인다.

初出場したチームが優勝するとは、奇跡でなくてなんだろう。
처음 출전한 팀이 우승하다니 기적이 아니고 무엇이란 말인가?

好きな人のために自分の命を捨てる。これが愛でなくてなんだろう。

좋아하는 사람을 위해서 자신의 목숨을 버린다. 이것이 바로 사랑일 것이다.

健康で、友達と家族もいて、仕事もある、これが幸せでなくてなんだろう。

건강하고 친구랑 가족도 있고 일도 있고 이게 바로 행복일 것이다.

✔ 체크　飢え死にする子供がたくさんいるとは、これが悲劇(① の限りではない　② でなくてなんだろう)。

111

〜てまえ　〜한 체면상, 〜라고 했기 때문에

● 접속 │ 명사 の/동사의 보통형

말하는 사람의 체면을 생각해서 어떤 행동을 할 수밖에 없다고 설명할 때 사용하는 표현이다.

彼女のてまえ、こんな見苦しい姿は見せたくない。

그녀가 앞에 있기 때문에 이런 꼴사나운 모습은 보이고 싶지 않다.

やると言ってしまったてまえ、最後までやり遂げるしかない。

하겠다고 말해 버린 체면상 마지막까지 해낼 수밖에 없다.

言い出したてまえ、今度の食事代は僕が払わないわけにはいかない。

말을 꺼냈기 때문에 이번 식사 비용은 내가 내지 않을 수 없다.

✔ 체크　子供の(① てまえ　② までに)、弱音は吐きたくない。

〜てもさしつかえない 〜해도 아무런 지장이 없다, 〜해도 괜찮다

● 접속 | 동사의 て형

동사「差し支える 지장이 있다」를 활용한 문형으로, 어떤 동작을 해도 상관이 없다는 의미이다. 「〜てもいい」·「〜てもかまわない」와 비슷한 의미이지만 보다 소극적인 표현이다.

ここで喫煙してもさしつかえないですか。
여기에서 흡연해도 괜찮겠습니까?

出発七日前なら、予約を取り消ししてもさしつかえないです。
출발 7일 전이라면 예약을 취소해도 괜찮습니다.

一日一合ぐらいはお酒を飲んでもさしつかえない。
하루에 1홉 정도의 술이라면 마셔도 지장 없다.

✔ 체크   まだ若いですから、何度失敗しても(① かないません ② さしつかえありません)。

〜てもやむを得ない 〜해도 어쩔 수 없다

● 접속 | 동사의 て형

그럴 만한 당연한 이유가 있으므로 어떤 상황이 생기더라도 어쩔 수 없다는 의미이다.

環境保護のために国民の経済負担が増えてもやむを得ない。
환경 보호를 위해 국민의 경제 부담이 증가해도 어쩔 수 없다.

このバス路線は利用者が少ないので、廃止になってもやむを得ない。
이 버스 노선은 이용자가 적기 때문에 폐지가 되어도 어쩔 수 없다.

そんな無理なお願いは、断られてもやむを得ない。

그런 무리한 부탁은 거절 당해도 어쩔 수 없다.

✅ 체크　無断欠勤という行為は首になっても(① かなわない　② やむを得ない)。

114

～と相まって ～와 맞물려, ~와 함께, ~와 어울려

接続 | 명사

「AとB(と)が相まって」·「AがBと相まって」의 형태로 사용되며, 두 가지 내용이 상호 작용하여 그러한 결과가 되었다는 의미이다. 앞의 내용에 다른 내용이 더해져서 한층 더 높은 효과를 가져온다는 의미로도 사용된다.

ここは古風な町並みが、すばらしい自然と相まって、多くの観光客が訪れてくる。

여기는 고풍스러운 거리 풍경이 멋진 자연과 어우러져서 많은 관광객이 찾아온다.

この歌は子供のころの思い出と相まって、私の心に深く響いた。

이 노래는 어린 시절의 추억과 맞물려서 나의 마음에 깊이 울려 퍼졌다.

この会社は技術と経済力が相まって大企業になった。

이 회사는 기술과 경제력이 맞물려 대기업이 되었다.

✅ 체크　人一倍の努力と運が(① 相まって　② あっての)、今度優勝することが出来た。

115

～といい ～といい ~도 그렇고 ~도 그렇고, ~도 ~도

접속 | 명사

⊕ 플러스 ～といい～といい VS ～であれ～であれ

몇 가지 예를 들어 그 내용을 평가할 때 사용한다. 말하는 사람의 평가나 판단을 나타내므로 뒤에는 그 내용에 관련된 감정이나 느낌을 말하는 경우가 많다.

この制服はデザインといい色といい、あなたにお似合いですね。
이 교복은 디자인도 그렇고 색깔도 그렇고 당신에게 잘 어울리네요.

この旅館は展望といいサービスの質といい、最高ですね。
이 여관은 전망도 그렇고 서비스의 질도 그렇고 최고네요.

彼女は実力といい仕事に対する態度といい、申し分ない。
그녀는 실력도 그렇고 일을 대하는 태도도 그렇고 나무랄 데가 없다.

✓ 체크 彼は容姿(　　)服装(　　)、なんかパッとしないわね。 （① でも/でも　② といい/といい）

116

～というもの ~라고 하는 시간 동안, ~동안이나

접속 | 명사

'최근 얼마 동안'이라는 시간의 폭을 나타내는 표현으로, 그 시간이 길게 느껴진다는 느낌으로 말할 때 사용한다.

この6か月というもの、彼女と連絡が取れなくてすごく心配だ。
최근 6개월 동안이나 그녀와 연락이 되지 않아서 엄청 걱정이다.

154

ここ一か月**というもの**、体重減量のためカロリー制限をしている。

최근 한 달 **동안** 체중 감량을 위해 칼로리 제한을 하고 있다.

ここ数年**というもの**、ろくな仕事につけられなくてお金に困っている。

최근 몇 년 **동안** 변변한 일을 하지 못해서 경제적으로 곤란을 겪고 있다.

✓ **체크** 地震が起こって以来、この＿＿＿＿ ＿＿＿＿ ★＿＿＿＿ ＿＿＿＿毎日です。

① というもの　　② 避難所　　③ ２か月　　④ 暮らしの

117

～といえども　～할지라도, ～라고 해도

접속 | 명사·동사·い형용사·な형용사의 보통형

유사표현 | ～とはいえ ～라고는 해도

당연히 그럴 것이라고 생각되는 내용이 사실은 그렇지 않다고 하는 역접 표현이다. 주로 「いかに 아무리」·「いくら 아무리」·「たとえ 설령」 등과 함께 사용되며, 명사와 な형용사 현재형의 「だ」는 생략하는 경우가 많다.

技術が進歩した**といえども**、人間の手に頼る部分はたくさんある。

기술이 진보했다고 **하더라도** 인간의 손에 의존하는 부분은 많이 있다.

お客が多い**といえども**、必ずしも売り上げアップにつながるわけではない。

손님이 많다고 **하더라도** 반드시 매출 상승으로 이어지는 것은 아니다.

いかに不景気**といえども**、高価なブランド品はよく売れているそうだ。

아무리 불경기라고 **하더라도** 고가인 명품 브랜드는 잘 팔리고 있다고 한다.

✓ **체크** 老いた（① と思いきや　② といえども）、まだまだ若者には負けんぞ。

～ときたら ～로 말할 것 같으면, ～은

● 접속 | 명사

주어를 강조하는 표현으로 어떤 대상을 비난하면서 불만을 이야기할 때 사용된다. 회화에서 주로
사용한다.

最近の若い連中ときたら、本当に常識に欠けているよ。
요즘 젊은 녀석들은 정말 상식이 결여되어 있어.

ジホときたら授業中に変な話ばかりするし、みんなが迷惑しています。
지호는 수업 중에 이상한 이야기만 하고 모두에게 민폐가 되고 있습니다.

最近の政治家ときたら、汚職はするし、うそばかりつくし、もう信用できない。
요즘 정치인은 부정부패에 거짓말만 하고 더 이상 믿을 수 없다.

☑ 체크 うちの部長（① ときたら ② にせよ）、いつも口ばかりで全然実行に移さない。

～としたところで・～にしたところで

～라고 해 봤자, ～라고 할지라도

● 접속 | 명사·동사·い형용사·な형용사의 보통형(명사·な형용사의 현재형 だ)

어떤 동작을 하더라도 기대했던 결과가 나오지 않는다는 의미의 역접 표현으로, 인물을 나타내는
말에 접속하면 '그 인물의 입장이라 해도'라는 의미를 나타낸다. 회화에서는 「～にしたって」·「～とし
たって」의 형태로 자주 사용된다.

先生としたところで、完璧な人間ではない。
선생님이라고 해도 완벽한 인간은 아니다.

担当を変えるとしたところで、確実な方法が提示できるわけではない。

담당을 바꾼다 하더라도 확실한 방법이 제시될 수 있는 것은 아니다.

彼がいくら足が速いにしたところで、わたるには勝てません。

그가 아무리 발이 빠르다 하더라도 와타루에게는 이길 수 없어요.

✅ **체크**   どちらにした(① ところが ② ところで)、そんなに大きな違いはありません。

120

〜とまでは言わないが   ~라고까지는 할 수 없지만

🔵 **접속** | 명사/동사의 명령형·보통형/い형용사의 보통형/な형용사의 어간

자신이 원하는 수준이나 정도에는 미치지 못하지만 그것과 비슷한 정도의 내용을 말할 때 사용한다.

暴言とまでは言わないが、その言い方はよくないと思う。

폭언이라고까지는 할 수 없지만 그 말투는 좋지 않다고 생각한다.

百点を取れとまでは言わないが、もうちょっと勉強してよ。

백 점을 맞으라고까지는 할 수 없지만 조금 더 공부해.

東大合格は絶対無理とまでは言わないけど、まだ学力が足りない。

도쿄대학 합격은 절대 무리라고까지는 할 수 없지만 아직 학력이 부족하다.

✅ **체크**   バカと(① 言わざるを得ない ② までは言わない)が、あの子はあまり頭がよ
          くないね。

1 한국어 해석을 참고로 괄호 안에 들어갈 말로 알맞은 것을 고르세요.

1. みんなの前で愛してるよって誓った（　　　　）、裏切ることはできない。
모두 앞에서 사랑해라고 맹세한 체면상 배신할 수는 없다.

2. 未婚率の上昇（　　　）単独世帯が増加している。
미혼율의 상승과 더불어 단독 세대가 증가하고 있다.

3. 阪神大震災の記憶など、思い出す（　　　）悲しくなる。
한신 대지진의 기억은 떠올리는 것만으로도 슬퍼진다.

4. 吉本先輩（　　　）実力もないくせに、とても傲慢なので気に食わない。
요시모토 선배는 실력도 없으면서 너무 거만해서 마음에 안 들어.

5. もうすぐ昇進試験なのに、この一週間（　　　）全然勉強していない。
이제 곧 승진 시험인데 최근 1주일 동안 전혀 공부하지 않았다.

6. 地球温暖化を防ぐためには、少しぐらい不便になっても（　　　）と思う。
지구 온난화를 막기 위해서는 조금 불편해져도 어쩔 수 없다고 생각한다.

7. こういう非効率な制度は、廃止し（　　　）だろう。
이러한 비효율적인 제도는 폐지해도 지장이 없을 것이다.

8. 君のためなら命も惜しくない。これが愛でなくて（　　　）。
당신을 위해서라면 목숨도 아깝지 않다. 이것이 사랑이 아니면 무엇이란 말인가.

9. 夢が何（　　　）、それを追いなさい。
꿈이 뭐든지 간에 그것을 좇아라.

10. 泥棒に入られ（　　　）から、戸締まりをきちんとしておこう。
도둑이 들어오면 안 되니까 문단속을 제대로 해 두자.

> ① であれ　　② というもの　　③ と相まって　　④ てはかなわない　　⑤ だに
> ⑥ てまえ ⑦ なんなのだろうか ⑧ ときたら ⑨ やむを得ない ⑩ てもさしつかえない

2 힌트를 참고로 괄호 안에 들어갈 알맞은 문형을 찾아 쓰세요.

11. 強者を相手するといえ（　　）、不利な状況を切り抜ける切り札はあるはずだ。

12. 彼のいない世界は想像する（　　）寂しい。

13. どんな人（　　）あれ時間は公平に与えられている。

14. あの女優は外見（　　）いい演技力（　　）いい文句のつけようがありません。

15. 彼女にふられてからという（　　）、食事ものどを通らない有様だ。

> **힌트**
>
> ①まで　②もの　③しか　④ども　⑤と　⑥に　⑦で　⑧だに
> ⑨ところ　⑩こと

3 다음 문장을 잘 읽고 괄호 안에 들어갈 말로 알맞은 것을 고르세요.

16. 彼がどんなに歌が得意（① としたところで　② というもので）、中野さんにはかなわないよ。

17. 君は、努力していない（① とまでは　② そばから）言わないけど、もう少し頑張る必要があるよ。

18. 仁成君に（① 出会ったから　② 出会ってから）というもの、毎日が楽しく、人生がバラ色に変わったよ。

19. 秘書が汚職に絡んでいたら国会議員を辞職すると言った（① ものの　② てまえ）辞めざるを得ない状況になりました。

20. 大学入学共通テストが迫っているから、風邪を（① 引いてはかなわない　② 引いてもかまわない）ので、無理をするのはやめよう。

> **정답**
>
> 1 ⑥　2 ③　3 ⑤　4 ⑧　5 ②　6 ⑨　7 ⑩　8 ⑦　9 ①　10 ④
> 11 ④　12 ⑧　13 ⑦　14 ⑤/⑤　15 ②　16 ①　17 ①　18 ②　19 ②　20 ①

問題1　次の文の（　）に入れるのに最も良いものを、1・2・3・4から一つ選びなさい。

1 値段を負けてあげる（　　　　）、せいぜい100円引き程度ですよ。

　　1　としたもので　　2　としたばかりで　　3　としたところで　　4　としたことで

2 彼は優秀な歌唱力（か しょうりょく）とハンサムな顔（　　　　）、女性の間で大人気だそうだ。

　　1　といえども　　　2　ならではの　　　　3　があいまって　　4　とはいえ

3 うちの旦那（だん な）（　　　　）、不真面目で稼ぎ（か せ）は悪いし、お酒ばかり飲んでいるし、もううんざりだ。

　　1　ときたら　　　　2　とあれば　　　　　3　はおろか　　　　4　にして

4 こちらのお召し物（め もの）は色（　　　　）デザイン（　　　　）、お客様に大変お似合いです。

　　1　なり/なり　　　2　といい/といい　　3　であれ/であれ　　4　つつ/つつ

5 今度は私がごちそうすると約束した（　　　　）、友達にお金を払わせるわけにはいかない。

　　1　からして　　　　2　てまえ　　　　　3　べく　　　　　　4　までに

6 戦争（せんそう）で罪もない子供が犠牲（ぎ せい）になるなんてこれが悲劇（ひ げき）（　　　　）。

　　1　そのことだ　　　　　　　　　　　2　ほどのことではないだろう

　　3　といいそびれる　　　　　　　　　4　でなくて何であろう

7 他人を傷つけても微動（び どう）（　　　　）しない人たちの気が知れないよ。

　　1　こそ　　　　2　まで　　　　3　だに　　　　4　きり

8 「新入社員の田村（た むら）のこと、どう思う？」

　「ばか（　　　　）、確かに仕事の飲み込みが遅い感じがするね。」

　　1　さえいれば　　　　　　　　　　　2　とまでは言わないが

　　3　ともなれば　　　　　　　　　　　4　にそくして

問題2　次の文の＿★＿に入る最も良いものを、1・2・3・4から一つ選びなさい。

9 ここ数年＿＿＿＿ ＿★＿ ＿＿＿＿ ＿＿＿＿感じる人が増えている。

1　新たな人間関係を　2　抵抗を　　　　　3　というもの　　　4　築<ruby>築<rt>きず</rt></ruby>くのに

10 日本の＿＿＿＿ ＿＿＿＿ ＿★＿ ＿＿＿＿速度で進行している。

1　世界でも　　　　　　　　　　　2　他に類<ruby>類<rt>るい</rt></ruby>を見ない

3　高齢化と相まって　　　　　　　4　少子化の流れは

11 <ruby>剛<rt>つよし</rt></ruby>君は韓国語が＿＿＿＿ ＿＿＿＿ ＿★＿ ＿＿＿＿と思います。

1　今回の仕事を　　2　差し支えない　　3　<ruby>流暢<rt>りゅうちょう</rt></ruby>なので　　4　任せても

12 ＿＿＿＿ ＿＿＿＿ ＿＿＿＿ ＿★＿、中小企業の倒産、大手企業の<ruby>合併<rt>がっぺい</rt></ruby>が続いている。

1　してから　　　　2　バブル経済が　　3　というもの　　4　<ruby>崩壊<rt>ほうかい</rt></ruby>

13 共用スペースに長期にわたり無断で＿＿＿＿ ＿＿＿＿ ＿★＿ ＿＿＿＿ことだ。

1　行為は　　　　　　2　責められても　　3　自転車を止める　4　やむを得ない

14 JRのグリーン料金は大人＿＿＿＿ ＿＿＿＿ ＿★＿ ＿＿＿＿際はご注意ください。

1　購入の　　　　　　　　　　　2　であれ

3　料金は同じですので　　　　　4　子供であれ

15 不況＿＿＿＿ ＿＿＿＿ ＿★＿ ＿＿＿＿<ruby>勢<rt>いきお</rt></ruby>いで伸びています。

1　天井知らずの　　2　売り上げは　　　3　我が社の　　　　4　といえども

16 明日、最終面接を<ruby>控<rt>ひか</rt></ruby>えている。＿＿＿＿ ＿★＿ ＿＿＿＿ ＿＿＿＿と思っています。

1　落ちてはかなわないので　　　　2　気を引き締めて

3　ここで　　　　　　　　　　　　4　臨もう

問題3　次の文章を読んで、文章全体の内容を考えて 17 から 21 の中に入る最も良いものを、1・2・3・4から一つ選びなさい。

　日本の未来を考えた時、避けて通れないのが介護の問題だ。介護離職者は近年も10万人前後で推移しており、特に男性離職者の伸びが著しい。また、会社への相談もないまま辞めてしまう従業員も多く、そうした離職は統計にはカウントされない。

　ここで 17 考えたい根本問題は「なぜ家族が介護してしまうのか。」ということだ。日本は歴史的に家事を含めたケアの領域を家族が直接行うべきだという規範が強い。そうした意識が、晩婚化や少子化といった家族成員の減少 18 、介護を難しくさせている。だが、介護は専門的かつ長期にわたるプロセスを必要とする。介護職に任せたほうがいいこともあるし、チームでの協力体制も必要だ。それにも関わらず、家族による介護活動が中心になってしまうのはなぜだろう。

　ケアの理想が、私または私を含めた家族でないと良い介護はできないというように、考えがちであるということを指摘する意見もある。被介護者の「その人らしさ」を知っている私は代替不可能だという感覚は、時に介護者自身を苦悩させ、 19 。終わりの見えにくい高齢介護において、個人一人の力でケアを始めてしまうと、この論理は強く働き続ける。

　介護のブラックボックス化の背景には、理想のケアをしていこうとする家族愛にある。会社に相談のない介護離職には「うちの介護は他人とは違う。」「私にしかできない。」という思いの存在があるのだ。企業が介護者をサポートすべき点はここにある。「似た問題を多くの介護者が抱えていること」「介護を始めると家族負担が増えがちな理由」「会社には支援の用意があること」を発信することで、広く知識を浸透させるべきだ。「社員が相談しにくい環境にあるのが問題だから、企業は相談しやすい 20 。」と簡単に言うが、それはやはり介護者側の心理を深く理解するところから始めるべきだろう。

　企業側の制度的な介護支援は、ある程度充実してきている。今後、そうした制度が「なぜ使われないか。」に 21 ためにも、介護がブラックボックス化す

るその構造・背景を企業と従業員の共有知識にすべきだ。介護は、ほとんどの人が初心者状態から始まる。より幸福な高齢社会のために、そうした共有知識を広く厚く蓄積していくことが求められる。

引用：日経産業新聞 一部改変

17
1 改めて 　　2 盛大に 　　3 二度と 　　4 うやうやしく

18
1 と相まって 　　2 というものの 　　3 と思いきや 　　4 とばかりに

19
1 追い回している 　2 追いかけてきた 　3 追い詰めていく 　4 追い返してやる

20
1 雰囲気づくりをすべきでない 　　　　2 雰囲気づくりをせずにいる

3 雰囲気づくりをせよ 　　　　　　　　4 雰囲気づくりをするわけだ

21
1 手本を見せる 　2 焦点を当てる 　3 承諾を得る 　4 愛想をつかす

121

～ともあろうものが (명색이) ～라는 사람이

● **접속** | 명사

유사표현 | ～たるもの

어떤 직업을 가지거나 특정한 입장에 놓여져 있는 사람이 한 행동에 대한 비난을 말할 때 사용한다. 이미 발생한 일에 대해서만 사용할 수 있고 뒤에는 「とは」나 「なんて」 같은 놀람을 나타내는 표현이 주로 온다. 「もの」 대신에 「人」를 사용할 수도 있다.

警官ともあろうものが、暴力団と関わっていたとは驚きです。
경관이라는 사람이 폭력단과 관련되어 있다니 놀랍습니다.

教師ともあろうものが、犯罪に加担していたとはあってはならないことだ。
교사라는 사람이 범죄에 가담하고 있었다니 있어서는 안되는 일이다.

弁護士ともあろうものが、脱税するなんて、なんていうことだ。
변호사라는 사람이 탈세를 하다니 어떻게 된 일인가.

- -

✔ **체크** 政治家(① なくして ② ともあろうものが)、賄賂を受け取るなんて許しがたい。

122

～ともなく・～ともなしに 무심코, 특별히 ～하려는 생각 없이

● **접속** | 명사(의문사)/동사의 사전형

특별한 의도 없이 무의식적으로 어떤 동작을 한다는 의미이며, 관용적으로 의문사에 접속하여 대상을 특정하지 않고 말할 때도 사용된다. 대부분 「見る」・「話す」・「言う」・「考える」・「聞く」 등의 동사와 함께 쓰인다.

どこからともなく、笛の音が聞こえてきた。
어디에선가 무심코 피리 소리가 들려 왔다.

窓ガラスを打つ小滴を見る**ともなしに**ただばんやり眺めていた。

유리창을 때리는 물방울을 **별 생각 없이** 그냥 멍하게 바라보고 있었다.

考える**ともなく**考えていたら、いいアイディアが突然浮かび上がってきたのです。

별 생각 없이 멍하니 있었더니 좋은 아이디어가 갑자기 떠오른 것입니다.

- -

✅ 체크   彼は誰に(① ともなれば ② ともなく)話し掛ける人だ。

123

～ながら(に) ～인 채로, ～인 상태로

● 접속 | 명사/동사의 **ます**형

어떤 상태가 변화하지 않고 처음부터 지금까지 계속 유지된다는 의미로, 「涙ながら」・「昔ながら」・「生まれながら」와 같은 관용적인 표현으로 대부분 사용된다.

生まれ**ながら**に持っている天才的な感性を発揮する。

태어나면서부터 가지고 있는 천재적인 감성을 발휘하다.

現代社会はスマホさえあれば家にい**ながら**にして何でもできる時代だ。

현대 사회는 컴퓨터만 있으면 집에 가만히 앉아서 뭐든지 가능한 시대이다.

この店は昔**ながら**の製法で豆腐を作っています。

이 가게는 옛날 그대로의 제조방식으로 두부를 만들고 있습니다.

- -

✅ 체크   被害者は涙(① ゆえに ② ながらに)事件の悲劇を語った。

124

～ならまだしも ～라면 몰라도, ～라면 이해할 수 있지만

● 접속 | 명사/동사·い형용사의 보통형/な형용사의 어간

앞에서 제시한 내용이라면 괜찮겠지만 그보다 더 좋지 못한 상황이므로 받아들일 수 없다는 의미이다.

たまに**ならまだしも**、こんなにしょっちゅう遅刻したら困るよ。
가끔이라면 몰라도 이렇게 자주 지각하면 곤란해.

悪天候のなか、水族館に行く**ならまだしも**、動物園に行くなんて。
악천후 속에 수족관에 가는 거면 몰라도 동물원에 가다니.

そんな完璧な人はドラマの中**ならまだしも**、現実にはいないよ。
그런 완벽한 사람은 드라마 안이라면 몰라도 현실에는 없어.

☑ 체크　一週間に二回なら（① まだしも　② とはいえ）、毎日ゼミに参加するのは無理です。

125

～なり ～하자마자

● 접속 | 동사의 사전형

유사표현 | ～や否や　～하자마자　　　⊕ 플러스 | ～なり VS (た형)～なり

어떤 동작을 하자마자 그 직후에 예상하지 못했던 다른 일이 일어나는 것을 말한다. 과거의 일에 대해서만 사용할 수 있고, 동사의 た형에 접속하면 '～한 상태로'라는 의미가 되므로 구별하여 사용해야 한다. 예 彼はうつむいた**なり**、黙っていた。그는 고개를 푹 숙인 채로 입을 다물고 있었다.

あの犬は人を見る**なり**、ほえかかった。
저 개는 사람을 보자마자 짖어댔다.

このワンピースを買う**なり**、夏のバーゲンヒールが始まった。

이 원피스를 사**자마자** 여름 바겐세일이 시작되었다.

友達は料理を一口食べる**なり**、吐^はきそうな顔で席を立った。

친구는 요리를 한 입 먹**자마자** 토할 것 같은 얼굴로 자리를 떴다.

✔️ **체크**　彼は帰宅(① した　② する)なり、シャワーも浴^あびずに寝てしまった。

126

〜なり〜なり　〜든지 〜든지

● **접속** ┃ 명사/동사의 사전형

➕ **플러스** 〜なり〜なり VS 〜といい〜といい

같은 종류의 내용을 두 가지 예로 들고 그 둘 중에 하나를 선택한다는 의미이다. 예를 든 두 가지 말고도 다른 가능성도 있다는 뉘앙스를 포함하고 있다.

来週までにメール**なり**電話**なり**で連絡してください。

다음 주까지 메일**이든** 전화**든** 연락 주세요.

東京**なり**横浜^{よこはま}**なり**好きな所で生活すればいい。

도쿄든 요코하마든 좋아하는 곳에서 생활하면 된다.

そんなに暇なら、家事をする**なり**子供の世話をする**なり**しなさい。

그렇게 한가하면 집안일을 하든 아이를 돌보든 하세요.

✔️ **체크**　人に_____ _____ ★ _____行くから、心配しないでください。

　　　① なりして　　　② 調べる　　　③ 聞くなり　　　④ 地図で

～にかかっている ～에 달려있다

● 접속 | 명사/か

동사 「かかる 걸리다」를 활용한 문형으로 어떤 일에서 가장 중요한 내용을 강조하여 말할 때 사용한다.

この国の未来は若者にかかっていると言っても過言(かごん)ではない。
이 나라의 미래는 젊은이들에게 달려있다고 해도 과언이 아니다.

今年卒業できるかどうかは、これからの頑張りにかかっている。
올해 졸업할 수 있을지 어떨지는 앞으로의 노력에 달려있다.

この契約(けいやく)は部長がうまくプレゼンできるかどうかにかかっている。
이 계약은 부장님이 프레젠테이션을 잘할지 어떨지에 달려있다.

- -

✓ 체크 この会社の運命は_____ _____ __★__ _____。

① 社長の   ② かかっている   ③ 手腕(しゅわん)に   ④ 新しい

～にかこつけて ～을 구실로, ～을 이유로, ～을 핑계 삼아

● 접속 | 명사

동사 「かこつける 핑계 삼다, 구실 삼다」를 활용한 문형으로, 어떤 일을 핑계 삼아 자신의 행동을 정당화할 때 사용하는 표현이다.

接待にかこつけて、上等(じょうとう)なお酒を思いっきり飲んできた。
접대를 구실로 고급스러운 술을 마음껏 마시고 왔다.

営業にかこつけて、出かけてはカフェでのんびりしている。

영업을 핑계 삼아 외출해서는 까페에서 느긋하게 놀고 있다.

安さにかこつけて、自分に必要ない物もつい衝動買いしてしまう。

싸다는 것을 이유로 자신에게 필요 없는 것도 그만 충동구매를 하고 만다.

- -

✔ 체크   出張に(① かこつけて   ② とどまらず)、もう一日滞在し、観光もして来よう
と思う。

129

～にかたくない ～하고도 남는다, ～하기에 어렵지 않다.

● 접속 | 명사/동사이 사전형

어떤 내용이 충분히 그럴 만한 것이라는 의미이며, 「想像 상상」·「期待 기대」·「理解 이해」·「察する
헤아리다」·「予想 예상」 등의 표현과 함께 사용된다.

彼の育った環境を考えれば、彼が冷たいのも理解にかたくない。

그가 자란 환경을 생각하면 그가 냉정한 것도 이해하고도 남는다.

津波で家族を失った人々の気持ちは察するにかたくない。

쓰나미로 가족을 잃은 사람들의 기분은 헤아리고도 남는다.

神戸牛のおいしさは想像するにかたくない。

고베규(고베산 쇠고기)가 맛있다는 것은 상상하기 어렵지 않다.

- -

✔ 체크   桃田がこの秘密を誰かにもらしたことは予想に(① たえない   ② かたくない)。

～にかまけて ～에 매달려서, ～에 얽매여서

● 접속 | 명사

동사 「かまける 얽매이다」를 활용한 문형으로, 어떤 일에 지나치게 열중하여 다른 일을 소홀히 한다는 의미이다.

だんなは趣味にかまけて、家族の世話を全然していない。
남편은 취미에 매달려서 가족을 전혀 돌보고 있지 않다.

デートにかまけて、仕事を疎かにしてはいけない。
데이트에 매달려서 일을 소홀히 해서는 안된다.

忙しさにかまけて、些細な日常の大切さを忘れがちだ。
바쁜 것에 얽매여서 작은 일상의 소중함을 잊기 쉽다.

- -

✅ 체크 部活に（① かまけて ② かこつけて）、宿題をせず先生に怒られた。

～にそくして ～에 입각하여, ～에 따라

● 접속 | 명사

어떠한 내용을 기준으로 삼아 그대로 따른다는 의미의 문장체 표현이며, 「～にそくした＋명사 (～에 입각한)」의 형태로 명사를 수식한다. 「事実 사실」·「経験 경험」·「方針 방침」 등에는 한자를 「～に即して」로 사용하고, 「法律 법률」·「規則 규칙」·「法則 법칙」 등에는 한자를 「～に則して」를 사용한다.

航空機の乗務員の安全教育は国際基準に則して行われている。
항공기 승무원의 안전 교육은 국제 기준에 입각해서 실시되고 있다.

事実に即してこの事件の調査を進めてください。

사실에 **입각하여** 그 사건의 조사를 진행해 주세요.

いくら法律に則した判断だとしても納得できない時もある。

아무리 법률에 **입각한** 판단이라 하더라도 납득할 수 없을 때도 있다.

✓ 체크 これはあくまでも_____ _____ __★__ _____です。

① 書かれた本　　② に即して　　③ 個人的な　　④ 体験

132

〜に足る/〜に足らない

〜할 만하다, 〜할 만한 가치가 있다, 〜하기에 충분하다/〜할 만한 가치가 없다

● 접속 | 명사/동사의 사전형

어떤 일을 할 만한 충분한 가치가 있다는 의미로 쓰이며, 「信頼する 신뢰하다」·「尊敬する 존경하다」·「満足する 만족하다」 등의 단어와 함께 쓰이는 경우가 많다. 부정형은 「〜に足りない·〜に足らない」의 두 가지 형태로 사용된다.

人生で感動に足るできごとなど、そうあるものではない。

인생에서 감동할 만한 일 같은 건 그렇게 많은 것은 아니다.

検討に足る内容であれば、新米の意見というだけで却下すべきではない。

검토할 만한 내용이라면 신입의 의견이라는 것만으로 각하해서는 안 된다.

彼の提出した証拠は信頼に足らないものだった。

그가 제출한 증거는 신뢰할 만한 가치가 없는 것이었다.

✓ 체크 尊敬(① に極まる　② に足る)人間になるために努力をする。

～につき ～이기 때문에/～당

● 접속 | 명사/수사

(1) 간판·게시판·편지 등에서 격식을 차려 이유를 설명할 때 사용한다.
(2) 수사와 함께 사용하여 그 수량을 단위로 한다는 의미이다. '～당'으로 해석하면 된다.

下水道工事につき通行止めとなっております。(1)
하수도 공사 때문에 통행금지입니다.

ここは私有地につき、立ち入り禁止です。(1)
이곳은 사유지이므로 출입금지입니다.

この貸し切り露天風呂は1時間につき2300円頂戴致します。(2)
이 대절 노천 온천은 1시간당 2,300엔 받겠습니다.

- -

✓ 체크   スタンプ10個(① につけ ② につき)500円値引きいたします。

～にはあたらない ～할 것 까지는 없다, ～할 필요는 없다

● 접속 | 명사/동사의 사전형

유사표현 | ～までもない ～할 것까지 없다/～には及ばない ～할 필요 없다

어떤 동작을 할 필요가 없거나 그렇게 할 정도는 아니라는 의미로, 동사 「当たる 맞다, 들어맞다, 알맞다」를 활용한 문형이다.

彼の活躍ぶりを考えると、新人賞に選ばれたのも驚くにはあたらない。
그의 활약상을 생각하면 신인상에 선발된 것도 놀랄 것까지는 없다.

いくら大口の寄付をしても、節税目的ならば賞賛にはあたらない。

아무리 거액의 기부를 해도 절세 목적이라면 칭찬할 것까지는 없다.

人は誰だって失敗するものだから、そんなに非難するにはあたらない。

사람은 누구든 실수를 하는 법이니까 그렇게 비난할 필요는 없다.

✅ **체크** 締め切り日以降に_____ __★__ _____ _____。

　　① レポートは　　② あたりません　　③ 評価するに　　④ 提出された

135

～には及ばない ～하지 않아도 된다, ～할 필요 없다

● **접속** | 명사/동사의 사전형

동사「及ぶ 이르다, 미치다」를 활용한 문형으로, 어떤 행동을 할 필요가 없다는 의미이다.

当たり前の事をしただけです。礼には及びません。

당연한 일을 했을 뿐입니다. 감사 인사는 필요 없어요.

来日前に必要な教育を行いますのでご心配には及びません。

일본에 오기 전에 필요한 교육을 실시하므로 걱정할 필요 없습니다.

そんなに大したことではないので、謝るには及ばない。

그렇게 대단한 일이 아니므로 사과하지 않아도 된다.

✅ **체크** 有給休暇はまだ残っているから、がっかりする(① にほかならない　② には
及ばない)。

1 한국어 해석을 참고로 괄호 안에 들어갈 말로 알맞은 것을 고르세요.

1. 当時の工場での労働条件の悪さは想像（　　　　）。
당시 공장에서의 노동 조건이 나빴다는 것은 상상하기에 어렵지 않다.

2. にこにこ日本語教室は内部改装工事（　　　　）、3月1日から1か月間休講と
致します。
니코니코 일본어 교실은 내부 개장 공사 때문에 3월 1일부터 1개월간 휴강합니다.

3. 治安のいいこの地域では報道する（　　　　）ニュースは何もなかった。
치안이 좋은 이 지역에서는 보도할 만한 뉴스는 아무것도 없었다.

4. 彼の携帯をいじりながら、メールを見る（　　　　）見てしまった。
그의 휴대폰을 만지작거리다가 메일을 별 생각 없이 봐 버렸다.

5. 元ジャーナリスト（　　　　）人がきちんとした言葉遣いができないのは情けない。
전 저널리스트라고 하는 사람이 제대로 된 언어를 사용할 수 없는 것은 한심하다.

6. 京都は昔（　　　　）の古風な街並みがとても魅力的です。
교토는 옛날 그대로의 고풍스러운 거리 풍경이 매우 매력적입니다.

7. 少子化問題に関して政府の方針（　　　　）計画を立てた。
저출산 문제에 관해 정부의 방침에 따른 계획을 세웠다.

8. 実質的な被害はなく、公表すべき事項（　　　　）。
실질적인 피해는 없어서 공표해야 할 사항에 해당하지 않는다.

9. 吉村さんなら（　　　　）野原君にこの問題を解決できるわけがない。
요시무라 씨라면 몰라도 노하라 군이 이 문제를 해결할 수 있을 리가 없다.

10. 今の時代は英語（　　　）日本語（　　　）どちらか一つは覚えておいた方がいい。
요즘 시대는 영어든 일본어든 뭔가 하나는 습득해 두는 편이 좋다.

---

①まだしも　②ともなく　③につき　④に足る　⑤にはあたらない
⑥なり　⑦ながら　⑧に即した　⑨ともあろう　⑩にかたくない

2 힌트를 참고로 괄호 안에 들어갈 알맞은 문형을 찾아 쓰세요.

11. 私のお金を返さなかった彼は、私の顔を見る（　　）、逃げ出した。

12. 給料の安さ（　　）かこつけて、彼は外回り中にネットカフェで昼寝をしているらしい。

13. レオナルド・ダ・ヴィンチは生まれ（　　）にして天才だったに違いない。

14. 誰（　　）なくアンコールの声が掛かった。

15. この失敗で始末書を書くぐらい（　　）まだしも、責任を取って退職せざるを得ないかもしれない。

3 다음 문장을 잘 읽고 괄호 안에 들어갈 말로 알맞은 것을 고르세요.

16. 子育て（① にかまけて　② をふまえて）、運動はおろか家事にも手が回らない。

17. ちょっと転んだ程度なので病院に行く（① には及びません　② に越したことはない）。

18. この歌手のコンサートのチケットを手に入れられるかどうかはインターネットの速さと運（① しまつだ　②にかかっている）。

19. こんな当たり前のことは議論する（① に足らない　② ようがない）。

20. ジェンダー役割も時代（① にかまけて　② に即して）新しく作り出していくことが大事だ。

問題1　次の文の（　　）に入れるのに最も良いものを、1・2・3・4から一つ選びなさい。

1　彼氏と同棲する（　　　）、一人暮らしする（　　　）自分の好きなようにしなさい。

　　1　につき/につき　　2　なり/なり　　　　3　といい/といい　　4　つ/つ

2　理想ばかり言っていてもしょうがないでしょ。もっと現実（　　　）考えてみたらどうですか。

　　1　に即して　　　　2　とあって　　　　3　をおいて　　　　4　ならではの

3　自らの仕事の忙しさ（　　　）新人教育にまで手が回りませんでした。

　　1　と相まって　　　2　にたとえて　　　3　とはいえ　　　　4　にかまけて

4　首相（　　　）あろうものが、金儲けのため悪事を働くとは許しがたいことだ。

　　1　とて　　　　　　2　のみ　　　　　　3　べき　　　　　　4　とも

5　「にこにこ日本語学校の年間授業料はいくらですか。」

　　「一か月（　　　）5万円ですから、1年で60万円になりますね。」

　　1　つつ　　　　　　2　にせよ　　　　　3　につき　　　　　4　からあって

6　彼の素晴らしい研究成果を考えるとノーベル化学賞の受賞も（　　　）。

　　1　驚き極まりない　　　　　　　　　　2　驚くにはあたらない

　　3　驚いてもやむを得ない　　　　　　4　驚くとは限らない

7　誰に言う（　　　）心に浮かんだことを独り言のように書き止めた物だ。

　　1　ごとく　　　　　2　かたわら　　　　3　ともなく　　　　4　だけあって

8　有望な陸上選手だったのに、怪我で引退せざるを得なかった時の空しさは（　　　）。

　　1　察するにかたくない　　　　　　　2　察しかねる

　　3　察するほどのことではない　　　　4　察しようがない

問題2　次の文の＿＿＿★＿＿＿に入る最も良いものを、1・2・3・4から一つ選びなさい。

9 20年以上も世界トップクラスを＿＿＿＿ ★ ＿＿＿＿。

1　ということは

2　想像するにかたくない

3　維持することが

4　容易ではない

10 これは確かに面白い漫画だが、＿＿＿＿ ＿＿＿＿ ★ ＿＿＿＿。

1　に足る　　　　2　疑問だ　　　　3　ドラマ化する　　　4　内容かというと

11 ユーチューブの動画の成功は、＿＿＿＿ ＿＿＿＿ ★ ＿＿＿＿。

1　「シェア」の数に

2　どれだけ

3　かかっている

4　「高評価」をもらえるかということと

12 ＿＿＿＿ ★ ＿＿＿＿ ＿＿＿＿たくさん欠勤したら昇給にも差し支える。

1　まだしも　　　2　一週間に　　　3　こんなに　　　4　一回なら

13 今日はセールの日なので、デパートが＿＿＿＿ ＿＿＿＿ ★ ＿＿＿＿。

1　開店するなり

2　10時に

3　おばちゃんたちが

4　どっと流れ込んできた

14 誕生日に＿＿＿＿ ＿＿＿＿ ★ ＿＿＿＿かばんを彼氏に買わせた。

1　ずっと　　　　2　かこつけて　　　3　高級ブランドの　4　ほしかった

15 1789年、＿＿＿＿ ＿＿＿＿ ★ ＿＿＿＿フランス国民議会で可決された。

1　という文言で知られる

2　自由かつ権利において平等

3　人は生まれながらにして

4　人権宣言が

16 離婚をすることになったが、＿＿＿＿ ＿＿＿＿ ★ ＿＿＿＿と思うよ。

1　及ばない　　　2　話すまでには　　　3　その原因を　　4　いちいち他人に

問題3　次の文章を読んで、文章全体の内容を考えて 17 から 21 の中に入る最も良いものを、１・２・３・４から一つ選びなさい。

　日本の古い映画やドラマを観賞していると、深夜、自宅の黒電話が大きな音で鳴り、妻が「あなた、〇〇さんからお電話です。」と 17 、ガウンを着た重役っぽい人が受話器を受け取って仕事の会話をするようなシーンがしばしば見受けられます。今の時代、深夜や休日に自宅の固定電話に業務の電話がかかってくることはほとんどないでしょうが、インターネットやスマートフォンの普及に伴い、便利さの半面、いつでもどこでも連絡がとれる環境になってしまい、自宅どころか旅行やレジャーの最中でも業務の連絡をすることが可能になってしまっています。これをうまく活用すれば、働き方改革の一環としてテレワークなどを推進することにもなるのですが、業務時間内は会社で、それ以外は電話やメールで対応ということになると、まさに２４時間３６５日が「ワーク」になってしまいます。

　（中略）

　日本の場合、 18 何となく曖昧なまま時間外メールが利用されてきましたが、海外ではすでに「つながらない権利」と呼ばれ、勤務時間外に仕事関連の連絡を絶つ権利が法律で保護され始めています。フランスでは従業員50人以上の会社に対し、勤務時間外の従業員の完全ログオフ権(メールなどのアクセスを遮断する権利)を 19 定款の策定を企業側に義務付け、イタリアでも同種の法律が制定されています。また、日本でも、つながらない権利を採り入れている企業も出始めました。とはいっても、そこまでの日本企業はまだ多くはありません。このため、個人でできる対応としては、割増賃金の請求ということになります。企業がこれを拒否するのであれば、それは「業務指示」ではないことになるので、時間外メールは無視して構わないものと 20 。そして、パワハラ防止法では、従業員から企業がパワハラの相談を受けた場合には、適切に対応できるような体制などを整えておかなければならないこと、パワハラについて相談した従業員への不利益な取り扱いを禁止していることなどを定めており、多くの企

業がパワハラ相談窓口を設置するはずですので、これを活用し、パワハラに該当する時間外メールの存在を企業側に認識してもらうことが必要です。

21 弁護士である私のような者が言葉で言うのは簡単ですが、現場の皆さんにとって、上司から来た時間外メールを無視できるか、それを窓口に持ち込んで相談できるのか、相談したら即対応してもらえるのか、現実論としてなかなか難しい問題であることは理解しているつもりです。しかし、政府の推進する働き方改革における重要な柱が長時間労働の是正やパワハラ防止であり、時間外メールもまさにその問題であることを企業側にしっかり認識してもらう必要があります。

引用：弁護士　志賀剛一の話　一部改変

17

1　取り替え　　　2　取り乱し　　　3　取り上げ　　　4　取り次ぎ

18

1　便利さにひきかえ　　　　　　2　便利さにかこつけて

3　便利さにたえる　　　　　　　4　便利さにつき

19

1　含まれた　　　2　外した　　　3　盛り込んだ　　　4　前倒しした

20

1　解されます　　　2　苦渋します　　　3　放たれます　　　4　仕立てます

21

1　もっとも　　　2　いまいち　　　3　どうやら　　　4　もしくは

136

〜にもまして 〜보다 더, 〜보다 한층 더

● **접속** | 명사/い형용사 の/な형용사의 어간 なの

앞에서 말한 내용과 비교했을 때 그 정도가 훨씬 심하다고 이야기할 때 사용한다. 「いつ」・「何」・「誰」와 같은 의문사와 함께 자주 사용된다.

彼の自分勝手ぶりは、以前にもまして酷くなった。
그의 제멋대로인 행동은 예전보다 더 심해졌다.

明日の決勝戦を控えていつにもまして緊張感に包まれている。
내일의 결승전을 앞두고 어느 때보다 더 긴장감에 휩싸여 있었다.

留学が決まり、嬉しいのにもまして海外生活への不安が増してきた。
유학이 결정되어 기쁜 것보다 더 해외 생활에 대한 불안이 커졌다.

✓ **체크** 新しい空港ができ、この路線は_____ _____ ★ _____。

① なった   ② 混むように   ③ 以前にも   ④ まして

137

〜によらず 〜에 관계없이

● **접속** | 명사

유사표현 | 〜にかかわらず 〜와 관계없이

앞에서 말한 내용과 뒤의 내용과는 아무런 관계가 없다는 의미이다. 동사 「よる 의하다, 따르다, 기인하다」를 활용한 문형이며, 「見かけによらず 겉보기와는 달리」・「誰によらず 누구든지」와 같이 관용적인 표현으로 사용될 때가 많다.

人間は誰によらず自分なりの拘りを持っている。
인간은 누구든 상관없이 자신만의 고집을 가지고 있다.

あの痩(や)せた男は、見かけに**よらず**、体力があるらしい。

저 마른 남자는 겉보기와는 달리 체력이 좋은 것 같다.

理由に**よらず**、払(はら)い戻(もど)しは一切致(いっさいいた)しません。

이유에 관계없이 환불은 일절 하지 않습니다.

✅ 체크 我(わ)が社(しゃ)は国籍(こくせき)（① によらず ② にとどまらず）、多様(たよう)な人材(じんざい)を採用(さいよう)しています。

138

〜ばかりになっている 〜하기만 하면 된다

● 접속 | 동사의 사전형

모든 준비가 다 끝난 상태이므로 이제 그 동작을 하면 된다고 하는 의미이고, 「〜ばかりとなった」・「〜ばかりになった」의 형태로도 사용한다.

やっと論文(ろんぶん)を書(か)き上(あ)げて、担当教授(たんとうきょうじゅ)に出(だ)す**ばかりになっている**。

겨우 논문을 다 써서 담당 교수님에게 내기만 하면 된다.

マンションの建設(けんせつ)も順調(じゅんちょう)で、後(あと)は入居者(にゅうきょしゃ)を募集(ぼしゅう)する**ばかりになっている**。

아파트 건설도 순조롭고 이제는 입주자를 모집하기만 하면 된다.

結納(ゆいのう)も全部済(ぜんぶす)ませた。後(あと)は結婚式(けっこんしき)の日(ひ)を待(ま)つ**ばかりになった**。

상견례도 모두 마쳤다. 이제는 결혼식 날을 기다리기만 하면 된다.

✅ 체크 ホール内(ない)の準備(じゅんび)も整(ととの)い、あとは時間(じかん)が_____ _____ ★_____ _____。

　　　　① ばかりに　　　② 来(く)るのを　　　③ なっている　　　④ 待(ま)つ

～ばきりがない ～하면 끝이 없다, ～하면 한이 없다

接속 │ 동사의 가정형

어떤 일을 일단 시작하면 끝없이 계속된다는 의미이고, 「～たらきりがない」의 형태로 사용해도 된다.

不平不満は挙げればきりがないけど、幸せも挙げればきりがない。
불평불만을 거론하자면 끝이 없지만 행복도 거론하자면 끝이 없다.

あれもほしいし、それもほしいし、欲を言えばきりがないなあ。
저것도 갖고 싶고 그것도 갖고 싶고 욕심을 말하면 끝이 없네.

今まで何度挑戦したことか、数えればきりがない。
지금까지 몇 번이나 도전했던가 세어 보자면 끝이 없다.

✅ 체크 　政治家に対する文句を言い出せば(① ほかはない ② きりがない)でしょう。

～まで(のこと)だ ～하면 된다, ～할 따름이다, ～했을 뿐이다

接속 │ 동사의 사전형·た형

(1) 「사전형＋までのことだ」는 지금 상황에서는 어쩔 수 없으니 다른 방법을 취하겠다는 결심이나 의지를 말한다.
(2) 「동사의 た형＋までのことだ」는 그 행동을 한 이유가 특별한 게 아니라는 의미이다.

今年大学に落ちたら一浪して頑張るまでのことだ。(1)
올해 대학에 떨어지면 재수해서 열심히 하면 된다.

念のため、君にも知らせておいた**まで**です。⑵

만일을 위해서 당신에게도 알려 두는 **것뿐**입니다.

そんなにむきにならなくていいでしょう。冗談を言った**までのこと**よ。⑵

그렇게 정색하지 않아도 되잖아. 농담을 했을 **뿐**이야.

....

✓ **체크**　留守ならしょうがない。ここで帰りを待つ(① までだ　② くらいだ)。

141

〜までもない　〜할 것까지도 없다, 〜할 필요도 없다

● **접속** | 동사의 사전형

아주 당연하거나 매우 간단한 일이어서 굳이 그 동작을 할 필요가 없다는 의미이다. 「言うまでもなく 말할 필요도 없이」의 형태로 자주 사용된다.

21世紀最大の課題は、言う**までもなく**地球環境問題です。

21세기의 최대 과제는 말할 것도 없이 지구 환경 문제입니다.

恥ずかしいのは一瞬だし、すぐ終わるから、緊張する**までもない**。

부끄러운 건 한순간이고 금방 끝나니까 긴장할 것까지도 없어.

こんなことで悩む**までもない**。時間が経てば自然に解決すると思う。

이런 걸로 고민할 필요도 없어. 시간이 지나면 저절로 해결될 거라고 생각해.

....

✓ **체크**　中に詳しく書いてあるから、わざわざ説明する(① までもない　② までのことだ)。

〜めく 〜다워지다, 〜같은 느낌이 들다

● 접속 | 명사

어떤 일이나 상황에서 그러한 느낌이 든다는 표현으로, 「春めく 봄다워지다」·「冗談めく 농담스럽다」처럼 관용적인 형태로 쓰인다.

雪も解け始めたし、段々と春めいてきましたね。
눈도 녹기 시작하고 점점 봄다워졌네요.

最近、謎めいた事件が相次いでいて国民の不安が高まっています。
최근에 수수께끼 같은 사건이 계속되고 있어서 국민들의 불안이 고조되고 있습니다.

彼は皮肉めいた言い方をするから、みんなに嫌われている。
그는 비꼬듯이 말을 해서 모두가 싫어한다.

．．

✓ 체크 古川はいつも_____ _____ __★__ _____とても信用できません。

① めいた   ② 言うので   ③ 冗談   ④ ことばかり

〜も同然だ 〜한 거나 마찬가지이다, 〜와 다름없다

● 접속 | 명사/동사·い형용사의 보통형

제시하는 내용과 거의 같거나 다름없다는 의미이고, 「同然 똑같음, 다름없음」이라는 な형용사를 활용한 문형이다.

飲酒運転を止めなかった僕は、一緒に罪をかぶったも同然だ。
음주운전을 말리지 않은 나는 함께 죄를 지은 것과 다름없다.

一番の親友だから、恵人君は兄弟も同然だ。

가장 친한 친구니까 게이타 군은 형제나 마찬가지이다.

必要な時に使えないお金はないも同然です。

필요할 때에 사용할 수 없는 돈은 없는 거나 다름없다.

- -

✔ 체크   こんないい加減なレポートは、書かなかった(① 次第だ ② も同然だ)。

144

～や否や ～하자마자

● 접속 | 동사의 사전형

어떤 일이 일어난 후에 곧바로 다음 동작을 한다는 의미이다. 실제로 일어난 일을 묘사하므로 명령·의지·권유·부정 표현 등은 사용할 수 없다.

彼は授業の始まりを知らせるチャイムが鳴るや否や、うとうとし始めた。

그는 수업 시작을 알리는 벨이 울리자마자 졸기 시작했다.

その議員は首相の発言が終わるや否や、すかさず反論に出た。

그 의원은 수상의 발언이 끝나자마자 곧바로 반론을 시작했다.

ハルト君は彼女にふられるや否や、さっさと新しい恋人を作った。

하루토 군은 여자 친구에게 차이자마자, 곧바로 새로운 애인을 만들었다.

- -

✔ 체크   本を読み始める(① や否や ② そばから)洗濯機の終了ブザーが鳴った。

145

~をおして ~을 무릅쓰고, ~에도 불구하고

● 접속 | 명사

어려운 일이나 상황, 고난 등을 각오하고 어떤 행동을 한다는 의미이다.

危険をおして、砂漠の旅に出た。
위험을 무릅쓰고 사막 여행을 하러 나섰다.

私は家族の反対をおしてアフリカ医療ボランティアに行った。
나는 가족의 반대에도 불구하고 아프리카 의료 봉사를 갔다.

部長は体調不良をおして出社する部下を休ませた。
부장님은 컨디션 불량에도 불구하고 출근하는 부하를 쉬게 했다.

☑ 체크   今日楽しかったよ。無理を(① おして ② もって)来てよかったと思っている。

146

~を皮切りに ~을 시작으로

● 접속 | 명사/동사의 보통형 の

어떤 일을 시작으로 하여 그 후에 그 일이 크게 발전되거나 그러한 일이 계속되고 있다는 의미이다. 「~を皮切りにして・~を皮切りとして」의 형태로도 사용된다.

体育祭は100メートル走を皮切りにして、次々に熱戦が繰り広げられた。
체육대회는 100M 경주를 시작으로 계속해서 열전이 펼쳐졌다.

この映画に出演したのを皮切りに彼はスターへの道を歩み始めた。
이 영화에 출연한 것을 시작으로 그는 스타의 길을 걷기 시작했다.

BTSはアメリカのロスでの公演を皮切りに、ワールドツアーを展開している。

BTS는 미국 LA에서의 공연을 시작으로 월드 투어를 전개하고 있다.

✓ 체크 先輩の発言を(① 限りに ② 皮切りにして)、みんな自分の意見を出し合っている。

～を経て ～을 거쳐

접속 | 명사

어떤 과정 또는 시간을 거쳐서 일이 성립되거나 결정될 때 사용하는 표현이다. 「経る 통과하다」를 활용한 문형으로, 단순히 어떤 지역을 통과한다는 의미로도 사용된다.

新しい契約は理事会の正式承認を経て最終的に決定する。

새로운 계약은 이사회의 정식 승인을 거쳐 최종적으로 결정된다.

サリドマイド事件の製薬会社が50年の沈黙を経て謝罪した。

탈리도마이드 사건의 제약 회사가 50년의 침묵을 거쳐 사죄했다.

大阪から名古屋を経て東京に向かいます。

오사카에서 나고야를 거쳐 도쿄로 향합니다.

✓ 체크 彼女は市長、国会議員などを(① ひかえて ② へて)、今年大統領選挙で当選した。

〜をものともせず　〜에도 굴하지 않고, 〜에도 아랑곳하지 않고

● 접속 | 명사

어려운 상황에도 아랑곳하지 않고 그것을 극복해 낸다는 의미이다. 「危険 위험」・「反対 반대」・「失敗 실패」 같은 명사와 함께 자주 쓰이며, 본인의 행동에는 사용할 수 없다.

命の危険をものともせず、彼女は戦場に取材に行った。
생명의 위협에도 아랑곳하지 않고 그녀는 전쟁터에 취재하러 갔다.

彼は度重なる失敗をものともせず、持ち前の根性で研究に励んでいる。
그는 거듭되는 실패에도 아랑곳하지 않고 타고난 근성으로 연구를 열심히 하고 있다.

岡崎さんは貧乏をものともせず、明るく生きている。
오카자키 씨는 가난에도 굴하지 않고 밝게 생활하고 있다.

✓ 체크 ＿＿＿＿ ★ ＿＿＿＿ ＿＿＿＿、黙々と働いている。

① ものとも　　② 上司の　　③ せず　　④ 嫌がらせを

〜を余儀なくされる/〜を余儀なくさせる

어쩔 수 없이 〜하게 되다/ 어쩔 수 없이 〜하게 만들다

● 접속 | 명사

원하지 않았지만 어쩔 수 없는 사정이 있어서 그렇게 할 수밖에 없었다는 의미이다. 「〜余儀なくさせる」는 사역 표현으로, 어쩔 수 없이 남에게 그 동작을 하게 만들었다는 의미이다.

自分がいじめられているのに、転校を余儀なくされる生徒が多い。
본인이 따돌림을 당하고 있는데도 어쩔 수 없이 전학을 가는 학생이 많다.

支持率の大幅な低下により、首相は退陣を余儀なくされた。

지지율의 대 하락에 의해 수상은 어쩔 수 없이 퇴진하게 되었다.

不動産価格の下落は、多くの人に自殺という選択を余儀なくさせた。

부동산 가격의 급격한 하락은 많은 사람들에게 자살이라는 선택을 하게 만들었다.

✅ 체크 航空会社の事情により、旅行はキャンセル(① を余儀なくされた ② には及ばない)。

150

～んばかりに/～んばかりの 당장에라도 ~할 듯이/당장에라도 ~할 듯한

● 접속 | 동사의 ない형

어떤 일이 금방이라도 일어날 것 같다는 의미의 표현으로, 회화에서 자주 사용하는 「今にも～そうだ 당장에라도 ~할 것 같다」와 같은 의미의 표현이다.

今にも雨が降り出さんばかりの空模様だった。

당장에라도 비가 내릴 것 같은 날씨였다.

目の前で優勝を逃した彼は泣き出さんばかりでした。

눈앞에서 우승을 놓친 그는 마치 울 것 같았습니다.

店主に、今すぐ帰れと言わんばかりの目つきをされた。

가게 주인이 지금 당장 돌아가라는 듯한 눈빛으로 나를 쳐다봤다.

✅ 체크 彼は自分には＿＿＿＿ ＿＿＿＿ ★＿＿＿ ＿＿＿＿。

① 言わんばかりの　② 罪もないと　③ 表情だった　④ 何の

워밍업

1 한국어 해석을 참고로 괄호 안에 들어갈 말로 알맞은 것을 고르세요.

1. これについては例をあげれば（　　　　）。
이것에 대해서는 예를 들면 끝이 없다.

2. 学生の本分が勉強であることは、今さら言う（　　　　）。
학생의 본분이 공부인 것은 이제 와서 말할 필요도 없다.

3. あとは表紙を作るだけだから、報告書はもうできたも（　　　　）。
이제는 표지를 만드는 일만 남았으니, 보고서는 다 된 것이나 마찬가지이다.

4. 韓国のチームは射撃を（　　　　）金メダルを取り続けた。
한국 팀은 사격을 시작으로 계속해서 금메달을 땄다.

5. こんな状況なら事業の撤退を（　　　　）だろう。
이런 상황이라면 어쩔 수 없이 사업 철퇴를 하게 될 것이다.

6. はるかちゃんは怒っているのか、目も合わせたくないと言わん（　　　　）だった。
하루카는 화가 난 것인지 눈도 마주치고 싶지 않다고 말하는 것 같았다.

7. 告白したけれどふられた。彼女のことをあきらめる（　　　　）。
고백했지만 차였다. 그녀를 포기하면 될 뿐이다.

8. 休み時間が終わる（　　　　）、先生が教室に入ってきた。
쉬는 시간이 끝나자마자 선생님이 교실에 들어왔다.

9. 去年にも（　　　　）彼の日本語は上達している。
작년보다 더 그의 일본어는 능숙해져 있다.

10. 友永は見かけ（　　　　）びっくりするほど身のこなしが軽いのである。
토모나가는 겉모습과는 달리 놀랄 정도로 몸놀림이 빠르다.

---

① 同然だ　② 余儀なくされる　③ や否や　④ きりがない　⑤ ばかり
⑥ 皮切りに　⑦ までだ　⑧ まして　⑨ によらず　⑩ までもない

2 힌트를 참고로 괄호 안에 들어갈 알맞은 문형을 찾아 쓰세요.

11. あの選手はさまざまな逆境を(　)ともせずにとてつもない偉業を成し遂げた。

12. 会長は幹事会推薦により総会の承認(　)経て決定する。

13. 電力不足により、国民は節電(　)余儀なくされた。

14. 津波警報が出される(　)否や、住民らは高台に避難した。

15. 大学入学共通テストの結果のいかん(　)よらず、この大学への入学が決まっている。

> **힌트**
>
> ① と　② や　③ ばかり　④ もの　⑤ を　⑥ が　⑦ こと　⑧ まで　⑨ に　⑩ も

3 다음 문장을 잘 읽고 괄호 안에 들어갈 말로 알맞은 것을 고르세요.

16. 彼は謎(① めいた　② きった)笑みを浮かべながら私を見ていた。

17. 高齢化が進み、高齢の体(① をおいて　② をおして)、親の介護をする人が増えている。

18. 昇級をかけた空手の試合会場は、いつ(① ものともせず　② にもまして)緊張感に包まれていた。

19. 経営陣に反発していた彼ら(① を皮切りに　② を踏まえて)、たくさんの人が労働組合に加入した。

20. ９月になると水田にはコメが実り、収穫を待つ(① ところ　② ばかり)になる。

> **정답**
>
> 1 ④　2 ⑩　3 ①　4 ⑥　5 ②　6 ⑤　7 ⑦　8 ③　9 ⑧　10 ⑨
>
> 11 ④　12 ⑤　13 ⑤　14 ②　15 ⑨　16 ①　17 ②　18 ②　19 ①　20 ②

問題1　次の文の（　　）に入れるのに最も良いものを、1・2・3・4から一つ選びなさい。

1　今朝は霜が降りるくらい冷え込んでいました。めっきり冬（　　　）。

　　1　だけのことだ　　2　にほかならない　3　めいてきました　4　きわまりない

2　この会社では勤続年数（　　　）当人の能力の有無で評価される。

　　1　によらず　　　　2　とあって　　　　3　にとどまらず　　4　を受けて

3　この問題集は発売される（　　　）たちまち100万部を売り尽くした。

　　1　にしても　　　　2　や否や　　　　　3　がゆえに　　　　4　とたんに

4　先週から近所で行われている道路工事は、すべての車両、通行人の迂回（　　　）余儀なくさせた。

　　1　に　　　　　　　2　が　　　　　　　3　を　　　　　　　4　の

5　やれることは全部やった。もう結果発表を待つ（　　　）。

　　1　ばかりになっている　　　　　　　2　にかたくない

　　3　というものだ　　　　　　　　　　4　といったらない

6　「もっと高いノートパソコンが買いたいな。」

　　「パソコンは上を（　　　）よ。インターネットしか使わないからこれで十分だと思う。」

　　1　見ようにも見られない　　　　　　2　見るだけのことがある

　　3　見てもさしつかえない　　　　　　4　見ればきりがない

7　諦めさえしなければ、その夢はもう（　　　）と思う。

　　1　叶ったと思いきゃ　　　　　　　　2　叶ったところだった

　　3　叶ったも同然だ　　　　　　　　　4　叶いがたい

8　彼女は舞台での緊張やプレッシャーを（　　　）最後まで演奏しきった。

　　1　踏まえて　　　2　おいて　　　　3　皮切りに　　　4　ものともせずに

問題2　次の文の＿＿＿＿★＿＿に入る最もよいものを、1・2・3・4から一つ選びなさい。

9 前回＿＿＿＿ ＿★＿ ＿＿＿＿ ＿＿＿＿大変盛り上がったパーティーでした。

1　ご来店いただいて　2　にもまして　　　3　お客さまに　　　　4　多くの

10 安室奈美恵がステージに登場した瞬間、会場にいた＿＿＿＿ ＿＿＿＿ ＿★＿ ＿＿＿＿。

1　起こった　　　　2　観客から　　　　3　大歓声が　　　　4　割れんばかりの

11 このまま危険＿＿＿＿ ＿★＿ ＿＿＿＿ ＿＿＿＿時だ。

1　下山するか　　　　　　　　　　2　をおして

3　選択しなければならない　　　　4　ヒマラヤに登るか

12 多数の犠牲者を＿＿＿＿ ＿＿＿＿ ＿★＿ ＿＿＿＿が発生している。

1　全国各地で　　　　　　　　　　2　出した

3　連続爆破事件を皮切りに　　　　4　不審な爆破事件

13 あの俳優は＿＿＿＿ ＿＿＿＿ ＿★＿ ＿＿＿＿きっかけに名前が知られはじめた。

1　無名生活　　　　2　長年の　　　　3　を経て　　　　4　最近のドラマを

14 あなたが困っているように見えたから、＿＿＿＿ ＿★＿ ＿＿＿＿ ＿＿＿＿。

1　手を貸して　　　　2　までです　　　3　思った　　　　4　あげようと

15 美容のためには運動はもちろん＿＿＿＿ ＿★＿ ＿＿＿＿ ＿＿＿＿。

1　大切なのは　　　　　　　　　　2　バランスのいい

3　言うまでもありません　　　　　4　食事や睡眠が

16 もともと知名度のある和菓子屋が、テレビで＿＿＿＿ ＿＿＿＿ ＿★＿ ＿＿＿＿いる。

1　からというもの　2　注文が増えて　3　紹介されて　　4　以前にもまして

問題3 次の文章を読んで、文章全体の内容を考えて 17 から 21 の中に入る最も良いものを、 1・2・3・4から一つえらびなさい。

ドン！という大きな音が、部屋に響きました。隣の部屋にいる夫が、私を呼びつけるために、壁を殴りつけたのです。 17 殴るので、壁に穴が開いてしまいました。また怒鳴られるのではないか。私は大きなおなかを抱え、恐怖に包まれました。約20年前のことです。

女の子を出産し、仕事に復帰した後も、私は帰宅すると夫が怖くて、自室にひきこもるようになりました。夫と娘とは寝室も別になり、育児は近くに住む義父母を 18 。私は部屋を片づけようとすると、どんどん物を取り出して収拾がつかなくなり、かえって散らかしてしまいます。発達障害によく見られる特性ですが、当時は診断を知らず、「自分はグズだ。」と思うばかりでした。

散らかり放題の家は、夫の怒りを買いました。部屋の外では夫が「お母さんが片づけないから片づけろ。」と幼い娘を怒鳴りつけ、彼女がわっと泣き出す声が聞こえます。しかし恐怖のあまり、助けに行けません。「自分が怒鳴られるのも怖かったし、娘への叱責も、自分が怒られたように感じました。」

娘が小学校に入学すると、仕事と子育ての両立が難しくなりました。朝や夜に子どもを預けられない悩みなどから、うつ病になり退職しました。私が職を転々とするようになると、夫の言葉の暴力はさらにエスカレートしました。

それでも、PTA活動や娘の塾の送り迎えは何とかこなしていたため、他の人からは、普通の母親に見えたと思います。しかし娘の小学校卒業と同時に私は夫から 19 。当初は夫が家を出て、私と娘が2人で暮らしました。しかし娘は中学2年になると「パパと暮らしたい。」と言い出しました。私はうつ病を抱え、家事も思うようにならない状態でしたので、受け入れるしかありませんでした。

私は荷造りもそこそこに 20 引っ越しました。娘と会えないつらさに薬の副作用が重なり、ほぼ寝たきりになってしまいました。

ふとした時に、娘のことを思い出して涙が止まらなくなり、毎日大泣きしていました。仕事も続かず、うつ病の薬も効かず、どうして？と思う日々を送りました。

母親は繰り返し「障害者手帳を取りなさい。」と勧めました。私が不審に思って問いただすと、意外な事実を明かしました。「あなたは、幼い頃に『微細脳損傷』(発達障害に当時付けられることが多かった病名)の診断を受けていた。」と。

　　思い当たる点はいくつもありました。片づけられない、物理は得意だが文系は酷い成績で、出来不出来の差が激しい、子ども時代は動作が鈍くてひどいいじめにあった等、私は苦い思いをかみ締めます。

　　もっと早く <u>21</u> 。障害が分かっていたら、育児や家事がうまくできなかったことを、夫や周囲の人に理解してもらえたかもしれない。2013年、改めて診断を受け、障害者手帳を取得します。私はすでに40代。子どもの頃から「ぐず」「気が利かない」と怒られてばかりで、自己肯定感は大きく損なわれていました。

引用：日経デュアル　一部改変

17

　　1　たまたま　　　　2　全然　　　　　3　めったに　　　　4　たびたび

18

　　1　お願いしました　2　頼りました　　3　求めました　　　4　任せました

19

　　1　離婚を切り出されました　　　　2　離婚をしようと申し出ました
　　3　離婚を余儀なくさせました　　　4　離婚を受け付けました

20

　　1　夜逃げもさることながら　　　　2　夜逃げであれ
　　3　夜逃げも同然で　　　　　　　　4　夜逃げするそばから

21

　　1　教えてやりたかった　　　　　　2　教えてほしかった
　　3　教えてくれたかった　　　　　　4　教えてあげたかった

PART 4

〈PART4 실전 공략〉에서는 문법 문제로 구성된 모의고사 3회분을 풀이합니다.
실제로 시험을 보는 것처럼 시간을 정해 두고 문제를 풀이하세요. 문제를 다 푸
는 데 걸린 시간과 정답의 개수를 기록하면서 시험을 보기 전 마지막으로 실력
을 점검합니다.

問題5　次の文の（　　　　　）に入れるのに最もよいものを、1・2・3・4から一つ
　　　　選びなさい。

1　支持率の大幅な低下により、首相は退陣を（　　　　　）。

　　1　余儀なくさせた　　　　　　　　2　余儀なくされた

　　3　余儀なくした　　　　　　　　　4　余儀なくさられた

2　電車内で大きな音を出しながら音楽を聞いているなんて、迷惑（　　　　）。

　　1　極まらない　　　2　極まった　　　3　極める　　　　4　極まりない

3　あの旅館は施設（　　　　）古いが、サービスの良さに定評がある。

　　1　こそ　　　　　2　どころ　　　　3　ながら　　　　4　かぎり

4　ただ荷物を持ってあげただけで、礼をするには（　　　　　）。

　　1　かないません　　　　　　　　　2　あたりません

　　3　とどまりません　　　　　　　　4　きわまりません

5　このアイドルグループはダンスの実力といい、歌唱力といい、文句の（　　　　　）。

　　1　つけがちだ　　　　　　　　　　2　つけるまでだ

　　3　つけてしょうがない　　　　　　4　つけようがない

6 運転しながらスマホに気を取られていた彼女は、(　　　　)自転車と衝突すると

ころだった。

1　まして　　　　2　危うく　　　　3　はたして　　　　4　さほど

7 去年の夏が猛暑続きだったのに(　　　　)、今年の夏は涼しい日が続いているの

で、海の家も閑散としているらしい。

1　反対に　　　　2　逆に　　　　3　ひきかえ　　　　4　おきかえ

8 再販希望の声を多数(　　　　)、増刷が検討されている。

1　受けて　　　　2　ひかえて　　　　3　応じて　　　　4　もって

9 誠に勝手なお願いですが、納期を前倒し(　　　　)と非常に助かります。

1　してさしあげる　　　　　　　2　させてさしあげない

3　していただける　　　　　　　4　させてもらわない

10 海外に子供を留学させている親の負担の重さは想像に(　　　　)。

1　ようがない　　　2　かたくない　　　3　足らない　　　4　およばない

問題6　次の文の　＿★＿　に入る最もよいものを、1・2・3・4から一つ選びなさい。

（問題例）

あそこで＿＿＿＿　＿＿＿＿　＿★＿　＿＿＿＿は山田さんです。

　　　1　テレビ　　　　　2　見ている　　　　3　を　　　　　4　人

（解答の仕方）

1. 正しい文はこうです。

あそこで＿＿＿＿＿＿　＿＿＿＿＿＿　＿★＿＿＿　＿＿＿＿＿＿は山田さんです。
1 テレビ　　　3 を　　　2 見ている　　　4 人

2. ＿★＿に入る番号を解答用紙にマークします。

　　　　　　（解答用紙）　　　（例）① ● ③ ④

11　＿＿＿＿　＿＿＿＿　＿★＿　＿＿＿＿、母国語も満足に話せないうちから習わせるのに

は、疑問視する人もいる。

　1　できれば若いうちに　　　　　　2　外国語の勉強をするに

　3　越したことはない　　　　　　　4　と言う人がいるが

12 手抜き工事で橋が崩れたのだから、＿＿＿＿ ＿＿＿＿ ＿★＿ ＿＿＿＿。

　　1　すまないだろう　2　施工業者は　　　3　せずには　　　　4　損害賠償を

13 名古屋走りという言葉があるが、＿★＿ ＿＿＿＿ ＿＿＿＿ ＿＿＿＿。

　　1　きらいがある　　　　　　　　　　　2　交通マナーを軽んじる

　　3　と言われている　　　　　　　　　　4　名古屋の人は

14 ＿＿＿＿ ＿★＿ ＿＿＿＿ ＿＿＿＿、各鉄道会社はようやくホームドア設置の検討を

始めた。

　　1　人身事故の発生　2　ホームからの　　3　に至って　　　　4　転落による

15 かつて有名俳優だった彼が東京都知事に当選したのは、＿＿＿＿ ＿＿＿＿ ＿★＿ ＿＿＿＿。

　　1　によるところが　2　能力というより　3　人気と知名度　4　大きい

問題7　次の文章を読んで、文章全体の内容を考えて １６ から ２０ の中に入る最も
　　　よいものを、1・2・3・4から一つ選びなさい。

「過ぎたるは、なお及ばざるがごとし。」ということわざがある。何事にも程度
というものがあり、やり過ぎるのは良くないという意味である。

韓国の高校では、半強制的に夜間学習時間がある。学校によりけりだが、9時
に1時間目の授業が始まり、17時頃に7時間目の授業が終わる。ここまでが通
常の日課表にある授業時間だ。これが終わると清掃時間、夕食の時間があり、
18時頃から放課後が始まる。1時間程度の放課後の補習授業が終わると、19時
頃から22時頃という夜遅くまで自習をしなくてはならない。自習とは名ばかり
で、先に述べたように半強制だ。

生徒達は眠いのを我慢しながら、辛い思いをし勉強に励んでいる。勉強しない
とばかになるままでは言わないが、いい大学に入れなくなるから、こういう時
間を設けている。学歴偏重主義の韓国 １６ のことだ。 １７ この制度は、生
徒達にただストレスを与えているだけだと言ってはばからない。日本では毎年
行われる体育祭や文化祭も、韓国の高校では原則として隔年で行われる。日本
では2日間にわたって行われることもある、このような学校行事も規模を縮小
し、机上での「勉強」を強要する。これは生徒達の精神を １８ だろうか。

ある調査がある。韓国の高校生と他国の高校生を比較したデータだ。韓国の高
校生は他国の高校生に比べて勉強時間は比較的長いが、学力は他国とほぼ同等
または同等なら １９ 、他国の学力以下の科目もあるとのことだ。生徒はどん
どん頭の中に知識を詰め込む。教師は詰め込ませる。これについていけない生
徒は落ちこぼれとなり、社会からも疎まれ排除されてしまうのだ。

机上での勉強ももちろん大切だ。学んだ知識を基に、それを応用し考えていく
力は、人間が生きていく上で糧になる。だが、そのためにいわゆる「勉強」だけ

していていいのだろうか。もっと他にも必要なことはあるのではないだろうか
と私は考える。

　「留学」という言葉があるが、この言葉は「遊学」と言われていた時代もある。「よ
く遊び、よく学べ。」とはよく言ったものだ。遊びから得られるものもたくさん
ある。もちろん「勉強」が好きな生徒は勉強してよい。しかしそうでない者は、
そうでない手段で学べばいいではないか。だから半強制的な夜間学習という非
効率的な制度は、　20　。

16

1　からでは　　　　2　ならでは　　　　3　からする　　　　4　たりとも

17

1　すると　　　　2　あるいは　　　　3　しかし　　　　4　いたって

18

1　ゆがめるばかりになっている　　　2　ゆがめるほどのことではない

3　ゆがめてしまうだけではない　　　4　ゆがめてしまったわけではない

19

1　ところで　　　　2　ことでも　　　　3　からでは　　　　4　まだしも

20

1　廃止してもやむを得ないだろう　　　2　廃止してもさしつかえないだろう

3　存続せざるを得なかっただろう　　　4　存続させようがないだろう

問題5　次の文の（　　　　　）に入れるのに最もよいものを、1・2・3・4から一つ
選びなさい。

1 スタートラインから走り出そうとした（　　　　　）、緊張して転んでしまった。

1　と思いきや　　　　2　とたんに　　　　　3　そばから　　　　　4　とはいえ

2 バスから降りる際に滑って膝を強く打ったが、手術する（　　　　　）。

1　ところだった　　　　　　　　　　2　ものがある

3　ほどのことではなかった　　　　　4　にほかならなかった

3 差別されたことはあまりないですが、外国人（　　　　　）不便さはありました。

1　でありながらの　　2　であるがゆえの　　3　であるからこそ　　4　であるべく

4 （手紙文で）

年末のお忙しい時期かと（　　　　　）、くれぐれも体調にはお気を付けください。
来年も何卒よろしくお願い申し上げます。

1　申し上げますが　　　　　　　　　2　頂戴いたしますが

3　ご存じですが　　　　　　　　　　4　存じますが

5 星さんは長い間考え抜いて退職を決めた。今さら、周りの人々が何を（　　　　　）
星さんの気持ちは変わることはないだろう。

1　言うまいと　　　　　　　　　　　2　言うにおよばず

3　言ったところで　　　　　　　　　4　言ったとあって

6 鉄板か熱くなってから肉をのせればいい(　　　　)すぐにのせるから焦げ付くのだ。

1　ことを　　　　　2　ものを　　　　　3　はずを　　　　　4　ところを

7 自分は(　　　　)他の人のために命を捨てるほどの愛を持つことができるだろうか。

1　はたして　　　　2　ろくに　　　　3　どうやら　　　　4　たしか

8 役者(　　　　)、こんなに腹が立つのににこにこしていられない。

1　ともなれば　　　　　　　　　2　にしてみれば

3　ならでは　　　　　　　　　　4　でもあるまいし

9 今後も不測の事態が(　　　　)、万全の態勢で臨んでいる。

1　起こるというものではないから　　　2　起こらないとも限らないから

3　起こってもさしつかえないから　　　4　起こりようがないから

10 さすがにマイケル教授とあって、その講義は聞く(　　　　)ものだった。

1　にたえる　　　　　　　　　　2　にあたる

3　にかたくない　　　　　　　　4　にはあたらない

問題6　次の文の　★　に入る最もよいものを、1・2・3・4から一つ選びなさい。

（問題例）

あそこで＿＿＿＿ ＿＿＿＿ ★ ＿＿＿＿は山田さんです。

　　　1　テレビ　　　2　見ている　　　3　を　　　　　4　人

（解答の仕方）

1. 正しい文はこうです。

あそこで ＿＿＿＿＿＿＿ ＿＿＿＿＿＿＿ ＿＿★＿＿ ＿＿＿＿＿＿＿は山田さんです。

　　　　　1テレビ　　　3を　　　2見ている　　　4人

2. ★ に入る番号を解答用紙にマークします。

　　　　　（解答用紙）　　（例）①●③④

11　近年、夏に売上が減少する現象が起きています。それを＿＿＿＿ ＿＿＿＿ ★

　　　＿＿＿＿。

　　　1　夏季の生産量の　　　　　　2　踏まえて

　　　3　しました　　　　　　　　4　見直しをすることに

12 深刻な電力不足とあって、家庭での＿＿★＿ ＿＿＿ ＿＿＿ ＿＿＿。

1　削減を促す　　　　2　広がりつつある　　3　電力使用量の　　　4　取り組みが

13 まさか自分の書いた小説が直木賞を＿＿＿ ＿＿＿ ＿★＿ ＿＿＿。

1　受賞するなんて　　2　驚きとともに　　　3　禁じ得ない　　　　4　戸惑いを

14 香取君は460ページ＿＿＿ ＿＿＿ ＿★＿ ＿＿＿。

1　一日にして　　　　2　からある　　　　　3　読破した　　　　　4　長編小説を

15 ＿＿＿ ＿★＿ ＿＿＿ ＿＿＿。何かを得るためには、それと同等の代価が必要
になる。

1　何も得ることは　　　　　　　　　2　人は何かを

3　出来ない　　　　　　　　　　　　4　犠牲にすることなしに

問題7　次の文章を読んで、文章全体の内容を考えて　16　から　20　の中に入る最も
　　　よいものを、1・2・3・4から一つ選びなさい。

　日本各地には様々なお祭りがある。夏から秋にかけて行われることが多い
が、季節を問わずに全国で行われている。全国的に名の知れたものとして、日
本三大祭りと呼ばれる次のお祭りがある。東から、東京の神田祭、京都の祇園
祭、大阪の天神祭だ。まず神田祭、江戸時代に始まり明治の中頃までは旧暦9
月に行われていたが、次第に新暦5月に行われるようになり、今は5月中旬に
神田明神で行われている。次に祇園祭、869年に疫病がした際、災厄の除去を
　16　始まり、現在はなんと7月に1か月にもわたり各種の神事や行事が八坂
神社で繰り広げられている。そして天神祭、読み方は「てんじんまつり」「てん
じんさい」のどちらでもよい。祭神の菅原道真の命日にちなんで10世紀半ばか
らある祭りで、大阪天満宮を中心にして6月下旬から約1か月間開かれる。

　こういった有名なお祭りの一方で、ユニークなお祭りもある。初夏に全国各
地で行われる泥んこ祭りだ。人々が水田に入り、泥まみれになりながら行う祭
りで、元々は神事として、昔から行われてきたものが多い。田植えが無事に終
わった喜びを分かち合ったり、農作業の労をねぎらい、五穀豊穣、無病息災を
神に祈るためのものだが、地元住民の交流の機会という意味合いもある。しか
し今日では　17　集客イベント的な要素も帯びてきていて、地域活性化のお
祭りとして行われる地域も増えて来ている。前述の三大祭りは、どちらかとい
うと観覧客が多いが、このどろんこ祭りは、参加者の方が多いように見える。
地元住民はもちろん、近隣地域だけではなく遠く離れた所からも多くの人々が
わざわざ田舎の街まで参加しに来るのだ。

このお祭りで体が汚れないようにしようなどと思うのはもってのほかだ。泥 18 なってこそが、このお祭りでの醍醐味（だいごみ）なのだ。会社、学校、家庭などで普段からストレスがたまっている 19 、この泥んこ祭りをストレス発散の良い機会と考え、大いに泥 18 なろう。爪（つめ）の間に入っても気にしてはいけない。鼻に入ったら少しは息苦しいかもしれない。目に入ったら痛いだろうが、細かいことを気にせずに汚れよう。そして、泥んこ祭りが終わったら、シャワーで泥と一緒にストレスも 20 。身も心もきれいにして、明日からまた頑張ろう。

16

1　祈るべく　　　　2　祈るようなら　　3　祈るごとき　　4　祈るばかりに

17

1　次第　　　　　　2　次第で　　　　　3　次第に　　　　4　次第から

18

1　ずくめに　　　　2　まみれに　　　　3　きりに　　　　4　がちに

19

1　にあれば　　　　2　にあって　　　　3　とあれば　　　　4　とあって

20

1　洗い流すほかはない　　　　　　　　2　洗い流しかねない

3　洗い流さないでもない　　　　　　　4　洗い流そうではないか

問題5　次の文の（　　　　　）に入れるのに最もよいものを、１・２・３・４から一つ選びなさい。

1 タレントとしてデビューして以降、SNSに悪質なレスが書かれるようになった。こんなことならタレントに（　　　　　）。

1　なるのではないか　　　　　　　　2　なるんじゃなかった

3　なるところだった　　　　　　　　4　なろうではないか

2 これを（　　　　　）、本日の披露宴はめでたくお開きとさせていただきます。

1　もちまして　　　2　つきまして　　　3　よりまして　　　4　かけまして

3 あの人は日本史に関する知識（　　　　　）、世界史に関する知識も豊富です。

1　ならいざしらず　　　　　　　　　2　を皮切りに

3　もさることながら　　　　　　　　4　というもの

4 板谷さんは看護師だった（　　　　　）、慣れた手付きでけが人の手当てを始めた。

1　ばかりで　　　2　だけあって　　　3　ことから　　　4　とあれば

5 あのホテルは入り口（　　　　　）、豪華すぎて違和感がある

1　だけに　　　2　とあって　　　3　からして　　　4　としたら

6 1年間休みも取れず、残業続きで過労で(　　　　)。

1　倒れるしまつだ　　　　　　　　　2　倒れるほどのことではない

3　倒れるに越したことはない　　　　4　倒れるといったところだ

7 病状は回復に向かっている(　　　　)まだ完全に安心するわけにはいかない。

1　だろうに　　　　2　といい　　　　3　とはいえ　　　　4　こととて

8 生涯現役を貫きたがったが、体力の衰えは(　　　　)ので引退することにした。

1　たえない　　　　2　のぞめない　　　　3　かかせない　　　　4　いなめない

9 事業に失敗した彼女のことがかわいそうで、(　　　　)、お金を貸してしまった。

1　断ろうが断るまいが　　　　　　　2　断ろうにも断れず

3　断るにしろ断らないにしろ　　　　4　断るといわず断らないといわず

10 (バス会社のお知らせ)

天災などやむを得ない事情によりバスが運行できなかった場合、振替輸送についての保証は(　　　　)。

1　申し上げかねません　　　　　　　2　いたしかねます

3　存じ上げかねません　　　　　　　4　なさりかねます

問題6　次の文の＿＿★＿＿に入る最もよいものを、1・2・3・4から一つ選びなさい。

（問題例）

あそこで＿＿＿＿ ＿＿＿＿ ＿★＿＿ ＿＿＿＿は山田<ruby>山田<rt>やまだ</rt></ruby>さんです。

　　　1　テレビ　　　　　2　見ている　　　　3　を　　　　　4　人

（解答の仕方）

1. 正しい文はこうです。

あそこで＿＿＿＿＿＿ ＿＿＿＿＿＿ ＿＿★＿＿＿ ＿＿＿＿＿＿は<ruby>山田<rt>やまだ</rt></ruby>さんです。
　　　　　1 テレビ　　　3 を　　　2 見ている　　　4 人

---

2. ＿＿★＿＿に入る番号を解答用紙にマークします。

（解答用紙）　　（例）①●③④

11　日本に＿＿＿＿ ＿＿＿＿ ＿★＿＿ ＿＿＿＿で食べられるお店です。

　　1　お値打ち価格　　　　　　　　2　韓国料理が

　　3　いながらにして　　　　　　　4　本場の

12 今日の試験は３回目の挑戦だった。自己採点した結果、＿＿＿＿ ＿＿＿＿ ＿★＿＿

＿＿＿＿。

1　６割を切ったか　　　　　　　　2　合格点である

3　ぎりぎりというところだ　　　　4　切らないかの

13 この子達は＿＿＿＿ ＿★＿＿ ＿＿＿＿ ＿＿＿＿、いざ食事をする時にはほとんどなく

なってしまう。

1　食べてしまうので　2　そばから　　　3　揚げる　　　　4　唐揚げを

14 ＿＿＿＿ ＿★＿＿ ＿＿＿＿ ＿＿＿＿、そのため医学的な議論の的となってきた。

1　なっておらず　　2　ショパンの病と　3　明らかに　　　4　その死因は

15 さらなるサービス向上を実行して＿＿＿＿ ＿★＿＿ ＿＿＿＿ ＿＿＿＿。

1　お客様の貴重な　2　いくために　　　3　意見を賜りたい　4　と存じます

問題7　次の文章を読んで、文章全体の内容を考えて　16　から　20　の中に入る最も
　　　　よいものを、1・2・3・4から一つ選びなさい。

　　携帯電話、スマートフォンを使用しながらの運転は、道路交通法で禁止されて
いる。なぜならば危険　16　からだ。運転しながら通話をすると、目線は前を
向いていても通話に気をとられるゆえ、前方に集中ができないらしい。まして
　17　、運転中にスマートフォンでSNSに書き込みをしたり、LINEのメッセー
ジのやり取りをしたりするなんて非常に危ない行為だ。分かっていると思うが、
視線も神経も前を向いておらず、手元の携帯電話の方を向いている。こんな当た
り前のことは誰かに言われなくても分かることなので、携帯電話が普及して間も
ない頃までは、個々人のモラルに任されていた。しかし、この当然の事が分かっ
ていない。いや分かっているのにしてしまう運転者が多くなってきたので、法で
規制され罰則も定められるようになった。もちろん反則金も取られる。

　　皆さんは、時速50kmで走行している車が、1秒間にどれだけ進むのか、考え
た事はあるだろうか。「たった1秒なんだから、ほんの少しの距離しか進んでい
ないだろう。」と考える人が多いだろう。しかし、計算してみれば分かること
だが、実際には14メートルも進んでいるのだ。「　18　14メートル？それくら
いの距離なんて、大した距離ではないじゃないか。」と思う人もいるだろう。だ
が、もしこの速度で走っている時、すぐにブレーキをかけても、完全に停止する
まで20メートル進んでしまうのだ。また人間というものは危険を察知するや否
や行動を起こせない。行動に起こすまで数秒のタイムラグが発生してしまう。つ
まり危険を把握してからブレーキをかけるまで多少時間がかかる。この間に進む
距離を空走距離と言う。この空走距離も考えると停止するまで34メートルも前
進してしまうのだ。たった1秒だが、ともすると、人をひいて　19　。

人をひいて殺したが最後、加害者にはつらい人生が待っている。一生、人を殺したという罪悪感と、賠償と共に人生を　20　。ハンドルを握ったら、常に危険回避のために全神経を運転に集中させなければならない。これは運転する者として知っておくべきことなのだ。油断大敵だ。私は大丈夫だと思っている人に限り、実は大丈夫ではないのだ。いつ事故を起こすとも限らないという心構えを持って、安全運転に努めるべきだ。

16

1　きわまる　　　　2　にたる　　　　3　めいた　　　　4　ずくめ

17

1　言いようによっては　　　　　　　2　言う次第で

3　言うまでもないが　　　　　　　　4　言いようがないが

18

1　あえて　　　　　2　たかが　　　　3　かつて　　　　4　まさに

19

1　しまうものでもないのだ　　　　　2　しまったものでもないのだ

3　しまわないものでもないのだ　　　4　しまわなかったものでもないのだ

20

1　送ればそれまでだ　　　　　　　　2　送るばかりになっている

3　送るには及ばない　　　　　　　　4　送らねばならないのだ

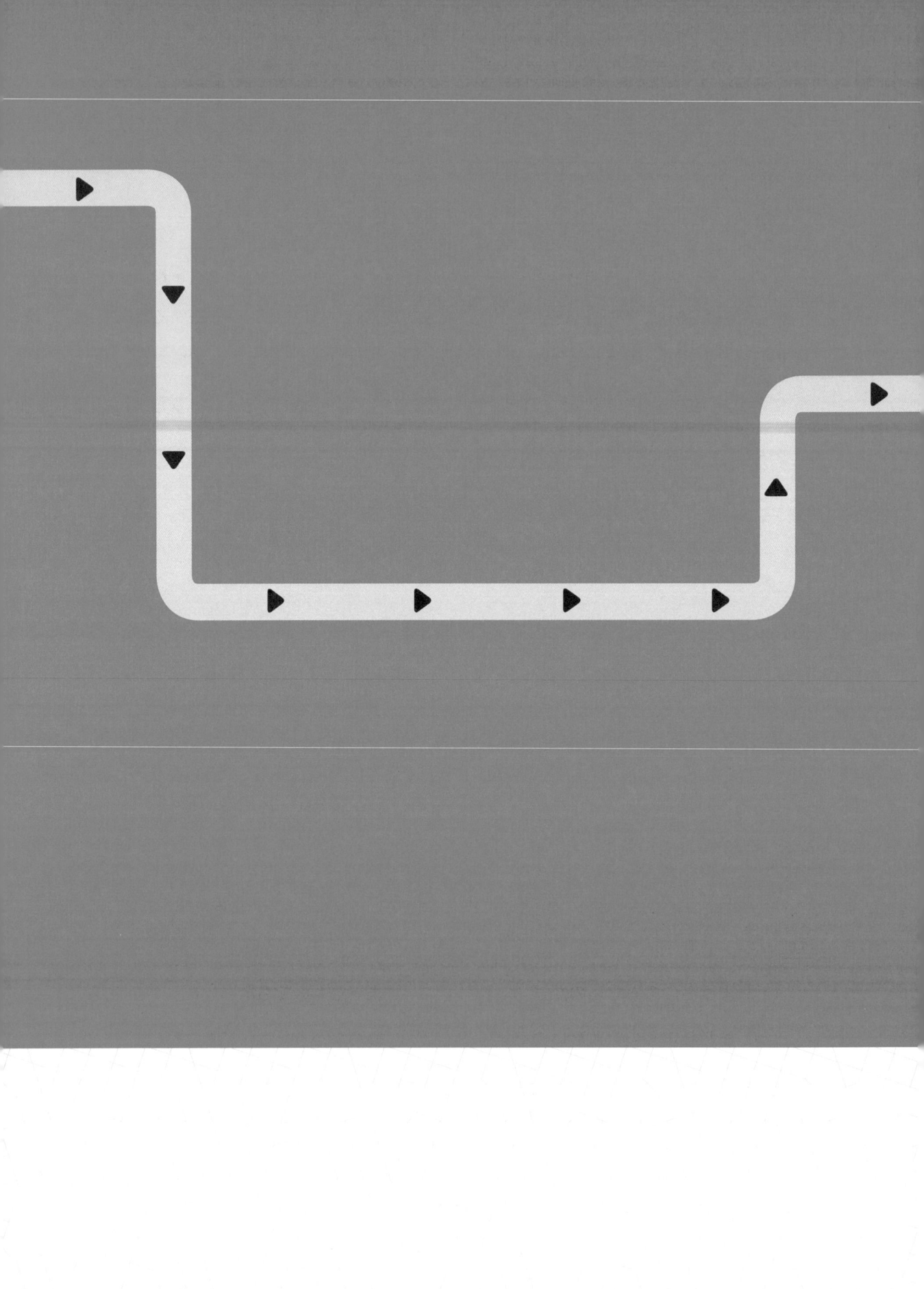

부록

문형·뜻	예문
☐ **~一方(で)** ~하는 한편(으로)	物価が上がる一方で、給料は全然上がらない。 물가는 오르는 한편 월급은 전혀 오르지 않는다.
☐ **~おそれがある** ~할 우려가 있다	データの流出などのおそれがあるので、ご注意ください。 데이터 유출 등의 우려가 있으므로 주의하세요.
☐ **~限り(は)/~限りでは/~ない限り** ~하는 한/~한 바로는/~하지 않는 한	プロである限りこういう単純なミスは許されない。 프로인 한 이러한 단순한 실수는 허용되지 않는다.
☐ **~がたい** ~하기 어렵다, ~하기 힘들다	どう考えても今の現状を受け入れがたい。 어떻게 생각해봐도 현재 상황을 받아들이기 어렵다.
☐ **~がちだ** ~하는 경향이 있다, 자주 ~하다	年末年始の郵便局は忙しくて、郵便物が遅れがちだ。 연말연시의 우체국은 매우 바빠서 우편물이 늦어지기 쉽다.
☐ **~かというと・~かといえば** ~하는가 하면	会社で働くうえで何が大変かというと人間関係だ。 회사에서 일하는 데 있어서 뭐가 힘드냐고 하면 인간 관계이다.
☐ **~かねる/~かねない** ~하기 어렵다, ~하기 곤란하다/~할 수도 있다, ~하기 쉽다	電話でのお問い合わせは応じかねますので、ご了承ください。 전화 문의는 응하기 어렵기 때문에 양해해 주시기 바랍니다.
☐ **~からすると・~からすれば/~からして** ~로 보면/~로 봐서	上田部長の性格からして、簡単に許してくれるはずがない。 우에다 부장님의 성격으로 봐서 간단히 용서해 줄 리가 없어.
☐ **~からには** ~한 이상은	生きているからには少しでも人の役に立ちたい。 살아있는 이상은 조금이라도 남에게 도움이 되고 싶다.

☐ **〜きり** 〜인 채, 〜한 채, 〜했을 뿐	寝たきりの老人のための介護施設が不足している。 _{かい ご し せつ} 거동할 수 없는 노인을 위한 요양 시설이 부족하다.
☐ **〜切る/〜切れる** (끝까지) 〜하다/(끝까지) 〜할 수 있다	ハーフマラソンは初めてだったけど、最後まで走り切った。 하프 마라톤은 처음이었지만 마지막까지 달렸다.
☐ **〜ことから** 〜로 인해, 〜때문에	眼鏡のような形に見えることから、「眼鏡橋」と呼ばれて _{め がねばし} いる。 안경 같은 형태로 보이기 때문에 '안경다리'로 불리고 있다.
☐ **〜ことなく** 〜하지 않고, 〜하는 일 없이	夢を忘れることなく前を向いて歩んで行きたい。 _{ゆめ あゆ} 꿈을 잊지 않고 앞을 향해 걸어가고 싶다.
☐ **〜末(に)** _{すえ} 〜한 끝에	考えに考えを重ねた末に、離婚を決めた。 _{かさ すえ り こん} 생각에 생각을 거듭한 끝에 이혼을 결정했다.
☐ **〜だけあって・〜だけに** 〜인 만큼(당연히), 〜이기 때문에(역시)	さすが世界的な名車だけあって、安全性に優れている。 _{すぐ} 과연 세계적인 명차인 만큼 안전성이 뛰어나다.
☐ **〜たら〜で** 〜하면 〜하는 대로	車の多い都会では、車があったらあったで邪魔になる。 _{じゃ ま} 차가 많은 도심지에서는 차가 있으면 있는 대로 방해가 된다.
☐ **〜つつある** 〜하고 있다, 〜하는 중이다.	温暖化の影響で北極の氷河は解けつつある。 _{おんだん か えいきょう ほっきょく ひょう が} 온난화의 영향으로 북극의 빙하는 계속 녹고 있다.
☐ **〜てならない** 〜해서 견딜 수 없다	担当者の対応が無責任に思えてならない。 _{む せきにん} 담당자의 대응이 무책임하게 생각되어서 견딜 수 없다.
☐ **〜ところだった** 〜할 뻔했다	殺人事件の容疑者を危うく逃すところだった。 _{さつじん じ けん ようぎ しゃ あや のが} 살인 사건의 용의자를 하마터면 놓칠 뻔했다.

☐ ～ところに・～ところへ/～ところを 　～한 중에	お休みの**ところを**ご迷惑をおかけして申し訳ありません。 쉬시는 중인데 민폐를 끼쳐서 정말 죄송합니다.
☐ ～ところを見ると 　～하는 것을 보면	いつも人が並んでいる**ところを見ると**、おいしいに違いない。 항상 사람이 줄 서 있는 것을 보면 분명 맛있을 것이다.
☐ ～とする 　～로 하다, ～로 생각하다/～로 치다	あの夫婦は人生を旅**として**生きているそうだ。 저 부부는 인생을 여행으로 생각하고 살고 있다고 한다.
☐ ～ないですむ・～なくてすむ・～ずにすむ 　～하지 않고 끝나다, ～하지 않고 해결되다	これくらいの金額の物なら税金を払わ**ずにすむ**と思う。 이 정도 금액의 물건이라면 세금을 내지 않아도 될 거라 생각한다.
☐ ～なりに/～なりの 　～나름대로/～나름대로의	弟は足が遅いが、遅い**なりに**全力で走った。 남동생은 발이 느리지만 느린 나름대로 온 힘을 다해 달렸다.
☐ ～にかけては 　～에 있어서는	話術**にかけては**、星野さんが一番だ。 화술에 관해서는 호시노 씨가 최고이다.
☐ ～に決まっている 　～할 것이 분명하다	慎吾君は優しくて面白いから、いい仲間が多い**に決まっている**。 신고 군은 상냥하고 재미있으니까 좋은 친구가 분명 많을 것이다.
☐ ～に先立って・～に先立ち 　～에 앞서서	映画を一般に公開する**に先立って**、試写会が開かれた。 영화를 일반에 공개하기에 앞서 시사회가 열렸다.
☐ ～にしては 　～치고는	彼は頭の回転が早い**にしては**、成績はよくない。 그는 머리가 좋은 것치고는 성적은 좋지 않다.

☐ **〜にもかかわらず** 〜임에도 불구하고, 〜인데도	高校生であるにもかかわらず、ウィンブルドンで優勝^{ゆうしょう}を果^はたした。 고등학생임에도 불구하고 윔블던에서 우승을 달성했다.
☐ **〜ものだ** 〜하곤 했다/(정말)〜하고 싶다/〜하구나	いつか歌手としてシングルを出してみたいものだ。 언젠가 가수로서 싱글을 정말 내 보고 싶다.
☐ **〜ものだ/〜ものではない** 〜법이다/〜하는 게 아니다	生まれたばかりの赤ちゃんはよく寝るものだ。 태어난 지 얼마 안 된 아기는 많이 자는 법이다.
☐ **〜ものなら** 〜할 수 있으면	大学時代に戻れるものなら今すぐ戻りたい。 대학 시절로 돌아갈 수 있으면 지금 당장 돌아가고 싶다.
☐ **〜ものの** 〜하기는 하지만	専攻^{せんこう}は理系^{りけい}であるものの、今は違う分野で働いている。 전공은 이과이기는 하지만 지금은 다른 분야에서 일하고 있다.
☐ **〜ようがない** 〜할 수가 없다	あの二人は大喧嘩^{おおげんか}をして仲^{なか}の取り戻しようがない。 저 두 사람은 크게 싸워서 화해할 방법이 없다.

문형 · 뜻	예문
☐ **あいにく** 마침, 공교롭게도	あいにく明日は都合が悪いんですよ。 마침 내일은 사정이 좋지 않아요 .
☐ **あたかも** 마치, 흡사	他人の成功談をあたかも自分のことのように語る。 타인의 성공담을 마치 자신의 일처럼 말한다.
☐ **あっという間に** 눈깜짝할 사이에, 순식간에	今年は暖冬だったので、あっという間に春が来た。 올해는 따뜻한 겨울이었기 때문에 눈 깜짝할 사이에 봄이 왔다.
☐ **あながち** 반드시, 꼭	最近のゲームは勉強になるものもあるから、あながち悪いとは言えない。 요즘 게임은 공부가 되는 것도 있으니까, 꼭 나쁘다고는 할 수 없다.
☐ **危うく** 하마터면, 자칫하면, 가까스로	殺人事件の容疑者を危うく逃すところだった。 살인 사건의 용의자를 하마터면 놓칠 뻔했다.
☐ **予め** 미리, 사전에	地震が起きた場合の広域避難所を、予め調べておきましょう。 지진이 일어날 경우의 광역 피난소를 미리 알아 둡시다.
☐ **あらゆる** 모든, 온갖	東京ではあらゆる国の料理が食べられると言われている。 도쿄에서는 모든 나라의 요리를 먹을 수 있다고 한다.
☐ **案外** 의외로, 뜻밖에	この事件は案外容易に解決すると思った。 이 사건은 의외로 용이하게 해결될 거라 생각했다.
☐ **案の定** 아니나다를까	お盆なので、案の定渋滞に巻き込まれた。 추석이라서 아니나다를까 차가 막혔다.

☐ **いかに** 과연, 어떻게	定年後の人生をいかに楽しんで生きていくか。 정년 후의 인생을 어떻게 즐기면서 살아갈 것인가.	
☐ **いかにも** 자못, 정말로, 아무리 봐도, 과연	前例^{ぜんれい}がないからできないなんて、いかにもお役所^{やくしょ}仕事ですね。 전례가 없으니까 안 된다니 과연 관청다운 얘기네요.	
☐ **いずれ** 어차피, 결국, 머지 않아, 조만간	皆、いずれ年を取る。 모두 언젠가는 나이를 먹는다.	
☐ **いずれにせよ** 어쨌든 간에	今日はこれ以上触^ふれませんが、いずれにせよ今後も考えていくべき問題だと思います。 오늘은 더 이상 다루지 않지만 어쨌든 앞으로도 생각해 나가야 하는 문제라고 생각합니다.	
☐ **一概^{いちがい}に** 일률적으로	あなたの言うことを一概^{いちがい}に信じるわけにはいかない。 당신이 말하는 것을 일률적으로 믿을 수는 없다.	
☐ **いっさい〜ない** 일절〜않다, 일체	私はそれ以来^{いらい}、彼の言葉^{ことば}をいっさい信用しなくなったのです。 나는 그 이후로 그의 말을 일절 믿지 않게 된 것입니다.	
☐ **いっそう** 한층 더, 더욱	どの子もかわいいが、40歳になって産^うんだ末^{すえ}っ子^こだけにいっそうかわいい。 어느 아이든 귀엽겠지만 40세가 되어서 낳은 막내 아이인 만큼 더욱 귀엽다.	
☐ **いっこうに** 도무지, 전혀	何回も連絡を取ったが、いっこうに返事がない。 몇 번이나 연락을 취했지만 도무지 답장이 없다.	
☐ **いやいや** 마지못해	にんじんは嫌^{きら}いだった。母にいやいやな食べさせられていた。 당근은 싫어했다. 엄마 때문에 억지로 먹고 있었다.	
☐ **言^いわば** 말하자면, 이를테면	彼は何でも知っている。言^いわば生^いき字引^{じびき}だ。 그는 뭐든지 알고 있다. 이를테면 만물박사이다.	

☐ **いわゆる** 소위, 이른바	うちの父は1948年生まれです。**いわゆる**団塊世代です。 우리 아버지는 1948년생입니다. 이른바 베이비 붐 세대입니다.
☐ **おそらく** 아마, 필시	きちんと説明すれば、**おそらく**両親も許してくれるだろう。 제대로 설명하면 아마 부모님도 용서해 주겠지.
☐ **思わず** 무의식 중에, 나도 모르게	鈴木さんの一言に、**思わず**カッとなってしまった。 스즈키 씨의 한마디에 나도 모르게 화를 내고 말았다.
☐ **仮に** 만약, 임시로	**仮に**あなたが僕の立場だったらどうするの？ 만약 네가 내 입장이라면 어떻게 할래?
☐ **辛うじて** 겨우, 간신히	大津波から**辛**うじて逃げ切った。 대형 쓰나미로부터 간신히 도망쳤다.
☐ **極めて** 극히, 매우, 더없이	**極めて**悲惨な事故が起きました。 매우 비참한 사고가 일어났습니다.
☐ **くれぐれも** 거듭, 부디, 아무쪼록, 제발	夜道の一人歩きは、**くれぐれも**気を付けてください。 밤길을 혼자 걸을 때는 아무쪼록 조심하세요.
☐ **ことごとく** 모두, 모조리	彼は過去のことを**ことごとく**忘れてしまった。 그는 과거의 일을 모조리 잊어버렸다.
☐ **ことに** 특별히, 특히	**ことに**変わった様子はありません。 특별히 이상한 기색은 없습니다.
☐ **さぞ** 틀림없이, 필시, 분명	拓哉は若い頃には**さぞ**美男子だったろうと思える老人である。 다쿠야는 젊었을 때 분명 꽃미남이었을 거라 생각되는 노인이다.
☐ **さほど** 그다지, 별로	彼女の性格は**さほど**悪くはない。 그녀의 성격은 그다지 나쁘지는 않다.

☐ **さも** 아주, 참으로, 자못	彼は**さも**大事な秘密<ruby>秘密<rt>ひ みつ</rt></ruby>でも話すように言い出しました。 그는 아주 중요한 비밀이라도 말하는 것처럼 말을 꺼냈습니다.
☐ **さんざん** 심하게, 몹시, 엄청	昨日は学校をさぼって、先生に**さんざん**叱<ruby>叱<rt>しか</rt></ruby>られた。 어제는 학교를 빼먹어서 선생님에게 엄청 혼났다.
☐ **しいて** 억지로, 굳이	嫌<ruby>嫌<rt>いや</rt></ruby>だったら、**しいて**来なくてもいいですよ。 싫으면 굳이 오지 않아도 괜찮아요.
☐ **しきりに** 끊임없이, 계속해서, 매우, 열심히	朝から**しきりに**電話がかかってくる。 아침부터 계속해서 전화가 걸려온다.
☐ **次第<ruby>次第<rt>し だい</rt></ruby>に** 차차, 점차	**次第<ruby>次第<rt>し だい</rt></ruby>に**景気<ruby>景気<rt>けい き</rt></ruby>が悪くなっています。 점차 경기가 나빠지고 있습니다.
☐ **徐々<ruby>徐々<rt>じょじょ</rt></ruby>に** 서서히, 천천히	海外生活も**徐々<ruby>徐々<rt>じょじょ</rt></ruby>に**慣<ruby>慣<rt>な</rt></ruby>れてきた。 해외 생활도 서서히 익숙해졌다.
☐ **しょせん** 결국, 어차피	**しょせん**うちのチームが負けるでしょう。 어차피 우리 팀이 질 것이다.
☐ **しょっちゅう** 항상, 언제나	あの兄弟は**しょっちゅう**けんかしている。 저 형제는 항상 싸움을 하고 있다.
☐ **せいぜい** 기껏해야, 고작	誕生日といっても、**せいぜい**家族と一緒に外でご飯を食べるくらいです。 생일이라고 해봤자 고작 가족과 함께 밖에서 밥을 먹는 정도입니다.
☐ **せっせと** 부지런히, 열심히	週末も休まず、**せっせと**働いた。 주말에도 쉬지 않고 열심히 일했다.
☐ **せめて** 적어도, 하다못해	財布をすられた。**せめて**身分証明書<ruby>身分証明書<rt>み ぶんしょうめいしょ</rt></ruby>だけは返してほしい。 지갑을 소매치기당했다. 적어도 지갑이랑 카드만은 돌려주길 바란다.

☐ **そもそも** 원래, 애초에	人間というのは、**そもそも**嫉妬^{しっと}する生^いき物^{もの}だ。 인간이라고 하는 것은 원래 질투를 하는 생물이다.
☐ **大^{たい}して** 그다지, 별로	大人気の店だけど、**大^{たい}して**おいしくないな。 인기가 많은 가게지만 그다지 맛있지 않네.
☐ **たかが** 겨우, 고작	**たかが**3万円を盗もうとして人を殺^{ころ}したなんて、ありえない。 고작 3만 엔을 훔치려고 하다 사람을 죽였다니 말도 안 돼.
☐ **直^{ただ}ちに** 바로, 즉시, 당장	準備ができたら、**直^{ただ}ちに**出発しましょう。 준비가 되면 바로 출발합시다.
☐ **たちまち** 금방, 순식간에	新しいアイフォーンは**たちまち**売り切れました。 새로운 아이폰은 순식간에 품절되었습니다.
☐ **つい** 그만, 무심코	**つい**むきになってしまって、すみません。 그만 정색을 해 버려서 죄송합니다.
☐ **常^{つね}に** 언제나, 항상, 늘	テスト中の機械^{きかい}にエラーが生^{しょう}じないか、**常^{つね}に**注意を払っている。 테스트 중인 기계에 에러가 발생하지 않는지 항상 주의를 기울이고 있다.
☐ **時折^{ときおり}** 가끔, 이따금	アンナさんは**時折^{ときおり}**国へ帰る。 안나 씨는 가끔 고국에 돌아간다.
☐ **とっくに** 훨씬 이전에, 벌써	「早く夏休みの宿題をしなさい。」 「もう、うるさいな。**とっくに**終わらせたよ。」 "어서 여름 방학 숙제해." "정말 듣기 싫어. 이미 훨씬 전에 끝냈다고."
☐ **とっさに** 순간적으로, 즉시, 찰나	外国人に話しかけられ、**とっさに**返事ができなかった。 외국인이 말을 걸어서 즉시 대답할 수 없었다.
☐ **とりわけ** 특히, 유독, 유달리	田村^{たむら}さんは**とりわけ**肌^{はだ}が敏感^{びんかん}だ。 다무라 씨는 유독 피부가 민감하다.

□ **なおさら** 더욱더, 한층 더	風がないので、**なおさら**暑く感じる。 바람이 없기 때문에 한층 더 덥게 느껴진다.
□ **長^{なが}らく** 오랫동안	**長らく**連れ添ったペットが死にました。 오랫동안 함께 지낸 반려동물이 죽었습니다.
□ **にわかに** 갑자기, 돌연	試験前に**にわかに**勉強してもしょうがないですよ。 시험 전에 갑자기 공부해도 소용없어요.
□ **果^はたして** 과연, 역시	謝れば、彼女は**はたして**許してくれるだろうか。 사과하면 그녀는 과연 용서해 줄 것인가.
□ **ひとまず** 일단, 우선, 하여튼	これで**ひとまず**胸を撫でおろしたが、これからうまく行くかは分からない。 이것으로 일단 가슴을 쓸어내리긴 했지만 앞으로 잘 될지는 모르겠다.
□ **ひとりでに** 그대로, 저절로	これくらいの傷はほうっておいても**ひとりでに**治るよ。 이 정도의 상처는 그냥 내버려 두면 저절로 나아.
□ **ひょっとすると** 어쩌면, 혹시	**ひょっとすると**まだいらっしゃるかと思って、やって来ました。 어쩌면 아직 계실 수도 있다고 생각해서 찾아 왔습니다.
□ **ふいに** 갑자기	窓の外に**ふいに**母が現れてびっくりした。 창문 밖으로 갑자기 엄마가 나타나서 깜짝 놀랐다.
□ **再^{ふたた}び** 두 번, 재차, 다시	**再び**大学受験に失敗して、とてもショックです。 또다시 대학 시험에 실패해서 큰 충격을 받았습니다.
□ **まさに** 바로, 틀림없이, 당연히	歴史を書き換えているのは**まさに**今の市民です。 역사를 다시 쓰고 있는 것은 바로 지금 시민입니다.
□ **まして** 하물며	プロの選手でも難しいのだから、**まして**素人には無理だ。 프로 선수도 어렵기 때문에 하물며 아마추어에게는 무리이다.

☐ **まるっきり** 도무지, 전혀	彼の言っていることが**まるっきり**分からない。 그가 말하는 것을 전혀 이해할 수가 없다.
☐ **めったに** 좀처럼	あの店には**めったに**客が来ない。 저 가게는 좀처럼 손님이 오지 않는다.
☐ **やがて** 머지않아, 이윽고	私たちは**やがて**年を取り、死んでいくのです。 우리들은 머지않아 나이를 먹고 죽어 가는 것입니다.
☐ **やけに** 몹시, 무척, 상당히	今日は**やけに**暑いですね。エアコンをつけましょうか。 오늘은 몹시 덥네요. 에어컨을 켤까요?
☐ **要^{よう}するに** 요컨대, 결국	**要^{よう}するに**彼に騙^{だま}されたわけですね。 결국 그에게 속은 것이군요.
☐ **よけいに** 오히려 더, 더욱 더	するなと言われると**よけいに**したくなってしまう。 하지 말라는 말을 들으면 오히려 더 하고 싶어진다.
☐ **ろくに** 제대로, 변변히	**ろくに**知りもしないくせして、よけいなことを言うな。 제대로 알지도 못하면서 쓸데없는 소리를 하지마.
☐ **わずか(に)** 조금, 겨우, 불과	最後まで頑張ったのに、**わずか**一点差^{いちてんさ}で負けてしまって悔^{くや}しい。 마지막까지 분발했지만 불과 1점 차로 져 버려서 아쉽다.

문형·뜻	예문
☐ **あるいは** 또는, 혹은	明日**あるいは**明後日お伺いできると思います。 <small>あさって　うかが</small> 내일 또는 내일 모레 찾아 뵐 수 있을 거라 생각합니다.
☐ **および** 및, 과, 와	ダウンロードをする時は、会員登録**および**ログインが必要となります。 다운로드를 할 때는 회원 등록 및 로그인이 필요합니다.
☐ **一方** <small>いっぽう</small> 한편	姉は優しくてかわいい。**一方**、妹は冷たくてわがままだ。 <small>いっぽう</small> 언니는 다정하고 귀엽다. 한편 동생은 냉정하고 멋대로이다.
☐ **かつ** 한편, 또, 게다가	必要**かつ**十分な条件。 <small>じゅうぶん　じょうけん</small> 필요하고 또 충분한 조건.
☐ **けれども** 그렇지만, 하지만	数学は難しい。**けれども**、やってみれば面白いところもある。 <small>すうがく</small> 수학은 어렵다. 하지만 해 보면 재미있는 부분도 있다.
☐ **さて** 그건 그렇고, 자	**さて**、本論に入りましょう。 <small>ほんろん</small> 그건 그렇고, 본론으로 들어갑시다.
☐ **しかし** 하지만, 그러나, 그렇지만	夜も寝ずに勉強した。**しかし**、合格点には達しなかった。 <small>たっ</small> 밤에 자지도 않고 공부했다. 그러나 합격점에는 미치지 못했다.
☐ **しかも** 게다가	彼はとてもやさしくてハンサムだ。**しかも**背も高い。 <small>せ</small> 그는 매우 상냥하고 잘 생겼다. 게다가 키도 크다.
☐ **したがって** 따라서	TOEICの点数がないと卒業できない。**したがって**、あなたは留年だ。 <small>てんすう</small> <small>りゅうねん</small> 토익 점수가 없으면 졸업할 수 없다. 따라서 너는 유급이다.
☐ **すると** 그러자, 그랬더니	パソコンをつけた。**すると**変なメッセージが画面に表示された。 <small>がめん　ひょうじ</small> 컴퓨터를 켰다. 그랬더니 이상한 메시지가 화면에 표시되었다.
☐ **すなわち** 즉, 바꾸어 말하면	韓国は四季、**すなわち**春、夏、秋、冬がはっきりしている。 <small>しき</small> 한국은 사계, 즉 봄, 여름, 가을, 겨울이 분명하다.

☐ そういえば 그러고 보니	そういえば、明日ジェジュ島に行くって言っていたじゃない？ 그러고 보니 내일 제주도에 간다고 그러지 않았어?
☐ そうすると・そうすれば 그렇다면, 그렇게 되면, 그랬더니	窓を開けた。そうすると大きい虫が入ってきた。 창문을 열었다. 그랬더니 큰 벌레가 들어왔다.
☐ そこで 그래서	世界旅行がしたい。そこで、毎日少しずつお金をためている。 세계 여행을 하고 싶다. 그래서 매일 조금씩 돈을 모으고 있다.
☐ そして 그리고	明日出張があります。そして夜には飲み会もあります。 내일 출장이 있습니다. 그리고 밤에는 회식도 있어요 .
☐ そのうえ 게다가	北海道の冬は寒い。そのうえ、雪も多い。 홋카이도의 겨울은 춥다. 게다가 눈도 많다.
☐ そのくせ 그런데도	今日は結婚記念日だ。そのくせ、旦那は飲み会とかで帰って来ない。 오늘은 결혼기념일이다. 그런데도 남편은 술자리가 있다면서 돌아오지 않는다.
☐ そのため(に) 그것 때문(에)	昨日は風が強かった。そのため、飛行機は飛べなかった。 어제는 바람이 강했다. 그 때문에 비행기는 뜨지 못했다.
☐ それから 그리고	まずはひらがなを覚えましょう。それから、会話の勉強を始めてください。 우선 히라가나부터 외웁시다. 그리고 회화 공부를 시작해 주세요.
☐ それで 그래서	「彼女は日本に留学したことがあるよ。」 「それで日本語が上手だったんだね。」 "그녀는 일본에서 유학한 적이 있어." "그래서 일본어를 잘했구나."
☐ それでも 그렇지만, 그렇더라도	とても高いかばんだ。それでも買いたがる人は多いはずだ。 매우 비싼 가방이다. 그렇더라도 사고 싶어하는 사람은 많을 것이다.
☐ それどころか 그렇기는커녕	「サッカーは嫌いですか。」 「それどころか、大好きです。」 "축구는 싫어하시나요?" "그렇기는커녕, 아주 좋아합니다."

☐ **それとも** 그렇지 않으면	コーヒーはアイスにしますか。 **それとも**ホットにしますか。 커피는 아이스로 할래요? 그렇지 않으면 뜨거운 것으로 할래요?
☐ **それなのに** 그런데도	結婚している。 **それなのに**、幸せでないのはなぜなんだろう。 결혼했다. 그런데도 행복하지 않는 것은 왜일까?
☐ **それなりに** 그런 대로	今度の旅行は雨の日が多くて残念(ざんねん)だったけど、 **それなりに**楽しめた。 이번 여행은 비 오는 날이 많아서 아쉬웠지만 그런대로 즐길 수 있었다.
☐ **それに** 게다가, 덧붙여, 더욱이	うちは古くて狭(せま)い。 **それに**、周りもうるさくて住(す)みにくい。 우리 집은 오래되고 좁아. 게다가 주변도 시끄러워서 살기 힘들어.
☐ **それにしては** 그에 비하면	彼は東京大学(とうきょうだいがく)を出たそうだが、 **それにしては**頭が良くない。 그는 도쿄대학을 나왔다고 하지만 그에 비하면 머리가 좋지 않다.
☐ **それにしても** 그렇다 하더라도	**それにしても**、彼の行動は納得(なっとく)できません。 그렇다 하더라도 그의 행동은 납득할 수 없습니다.
☐ **それゆえ** 그러므로, 그런 까닭으로	歳月(さいげつ)は人を待たず。 **それゆえ**、今を大切にしなければならない。 세월은 사람을 기다리지 않는다. 그러므로 지금을 소중히 해야만 한다.
☐ **だが** 그러나, 하지만, 그렇지만	彼に何回も連絡をした。 **だが**、返事が来ない。 그에게 몇 번이나 연락을 했다. 하지만 답장이 오지 않는다.
☐ **だから** 그러니까, 그러므로	会議で大変だったそうだね。 **だから**もっと勉強した方がいいと言ったじゃない。 회의에서 힘들었다면서. 그러니까 더 공부하는 편이 좋다고 했잖아.
☐ **ただ(し)** 다만, 단	留学生なら誰でもこの寮(りょう)に入ることができます。 **ただし**、4年生は除(のぞ)きます。 유학생이라면 누구든지 이 기숙사에 들어올 수 있습니다. 단, 4학년은 제외합니다.
☐ **だって** 하지만, 왜냐하면, 그게 말이지	「よく食べるね。」「 **だって**、おいしいんだもん。」 "잘 먹네." "그게 말이야, 맛있거든."

☐ **ですから** 그러니까, 그러므로	雨が降っています。**ですから**、散歩はやめましょう。 비가 내리고 있습니다. 그러니까 산책은 하지 맙시다.	
☐ **ときに** 그런데	**ときに**、この間の話はどうなりましたか。 그런데 지난번의 이야기는 어떻게 되었어요?	
☐ **ところが** 그렇지만, 하지만, 그런데	忘年会にみんな来ると思った。**ところが**、参加者は3人だけだった。 망년회에 모두 올 거라고 생각했다. 그런데 참가자는 3명뿐이었다.	
☐ **ところで** 그런데, 그건 그렇고	来月、名古屋に引っ越します。**ところで**、あなたの田舎はどこですか。 다음 달에 나고야로 이사합니다. 그런데 당신의 고향은 어디인가요?	
☐ **とはいえ** 그렇다고는 해도	この家は駅から近い。**とはいえ**家賃が10万円なんて高すぎる。 이 집은 역에서 가깝다. 그렇다고는 해도 월세가 10만 엔이라니 너무 비싸다.	
☐ **ないし** 또는, 혹은, 내지	明日のイベントには100人**ないし**150人が参加する予定だ。 내일 이벤트에는 100명 내지 150명이 참가할 예정이다.	
☐ **ならびに** 및	お電話番号**ならびに**ご住所をご記入の上、事務所までお送りください。 전화번호 및 주소를 기입하신 후에 사무실까지 보내 주세요 .	
☐ **または** 또는	参加申し込みはインターネット、**または**郵送でお願いします。 참가 신청은 인터넷 또는 우편으로 부탁합니다.	
☐ **もしくは** 혹은, 또는	お問い合わせは、メール**もしくは**電話でお願いします。 문의는 메일 혹은 전화로 부탁합니다.	
☐ **ゆえに** 그러므로, 고로	我思う。**ゆえに**我あり。 나는 생각한다. 고로 나는 존재한다. この国は島国である。**ゆえに**海運業が盛んになった。 이 나라는 섬나라이다. 그래서 해운업이 번창했다.	
☐ **よって** 그러므로, 따라서	証拠不十分だ。**よって**被告人は無罪だ。 증거불충분이다. 따라서 피고인은 무죄이다.	

문형 · 뜻	예문
☐ **～が早いか～** ～하자마자, ～함과 동시에	飛行機が着陸する**が早いか**、乗客はシートベルトを外して立ち上がった。 비행기가 착륙하자마자 승객은 안전 벨트를 풀고 일어섰다.
☐ **～こそすれ/こそあれ** ～이긴 하나, ～할지언정	苦労**こそあれ**、ボランティア活動はやりがいある。 고생은 할지언정 자원 봉사 활동은 보람이 있다. 彼女の勇気のある行動は、ほめられ**こそすれ**非難されるものではない。 그녀의 용기 있는 행동은 칭찬받을지언정 비난 받을 일은 아니다.
☐ **～こととて** ～라서, ～이니까	知らぬ**こととて**、ご迷惑をおかけしまして大変申し訳ございません。 잘 몰랐기 때문에 폐를 끼쳐서 죄송합니다.
☐ **～ずくめ** ～일색, ～뿐	黒**ずくめ**の怪しい男が、さっきから道端をうろついている。 검정 일색의 수상한 남자가 아까부터 길가에서 서성거리고 있다.
☐ **～ずじまい** ～하지 못하고 끝나다	せっかく買ったブーツも、暖冬で履か**ずじまい**だった。 모처럼 산 부츠도 겨울이 따뜻해서 신지 못하고 말았다.
☐ **～だけましだ** ～로도 다행이다	海外旅行中に財布をすられたが、パスポートが無事だった**だけましだ**ね。 해외 여행 중에 지갑을 소매치기 당했지만 여권을 잃어버리지 않아서 그나마 다행이다.
☐ **～たりとも** ～이라도	水不足が懸念される夏を考えれば、一滴**たりとも**無駄にはできない。 물부족이 걱정되는 여름을 생각하면 한 방울이라도 헛되이 할 수 없다.
☐ **～たる(もの)** ～의 입장에 있는	指導者**たる者**、国民の安全を守るべきた。 지도자의 위치에 있는 자, 국민의 안전을 지켜야 한다.

☐ **～つ ～つ** ～하기도 하고 ～하기도 하고	ライバルの二人は追い**つ**追われ**つ**の大接戦を広げている。 라이벌인 두 사람은 쫓고 쫓기면서 대접전을 펼치고 있다.
☐ **～てこのかた** ～한 이래로	僕は生まれ**てこのかた**、この村を離れたことがありません。 나는 태어난 이래로 이 마을을 떠난 적이 없습니다.
☐ **～てしかるべきだ** ～해야 마땅하다	会社のお金を横領した彼は、首になっ**てしかるべきだ**。 회사의 돈을 횡령한 그는 해고되어야 마땅하다.
☐ **～てはばからない** ～하기를 주저하지 않는다, 거리낌 없이 ～하다	彼は我こそが最強のプロレスラーだと断言し**てはばからない**。 그는 자기야말로 최강의 프로레슬러라고 거리낌 없이 단언한다.
☐ **～てもともとだ** ～해도 아무런 상관없다, ～해도 본전이다	富士山みたいな高い山、だめ**でもともとだ**が、登れる所まで登ってみよう。 후지산 같은 높은 산, 밑져봐야 본전이지만 오를 수 있는 데까지 올라 보자.
☐ **～てやまない** ～해 마지않다	卒業生の今後の活躍を願っ**てやまない**。 졸업생 여러분의 앞으로의 활약을 진심으로 바란다.
☐ **～といわず ～といわず** ～이며 ～이며	黄砂の多く飛んで来る日なので、口**といわず**、鼻**といわず**、砂っぽい。 황사가 많이 날아오는 날이라서 입이며 코며 모래투성이다.
☐ **～とて** ～라도, ～도 역시	外国に住んでいる国民**とて**、投票できるようになった。 외국에 살고 있는 국민이라도 투표할 수 있게 되었다.
☐ **～の極み** ～의 극치이다	このように永年勤続の表彰をいただいたことは誠に感激**の極み**です。 이렇게 장기 근속 표창을 받게 된 것은 진심으로 감격스럽기 그지없습니다.
☐ **～のなんの(と)** 너무 ～하다, ～하다는 둥	疲れた**のなんのって**、彼女は僕の相手をしてくれない。 너무 피곤하다고 하면서 그녀는 내 상대를 해 주지 않는다. 痛い**のなんのって**、涙が出るくらいだった。 너무 아파서 눈물이 나올 정도였다.

～のももっともだ ～하는 것도 당연하다	悪口を言われれば、気分を害する**のももっともだ**。 험담을 들으면 기분이 상하는 것도 당연하다.
～は言うにおよばず ～은 말할 것도 없고	ここは洋食**は言うにおよばず**、和食、中華、韓国料理まで何でもある。 여기는 양식은 말할 것도 없고 일식, 중화요리, 한국 요리까지 뭐든지 있다.
～べからず/～べからざる ～하지 말 것/～해서는 안 되는	初心忘れる**べからず**。 초심을 잃지 말 것. 「いじめ」は人間として許す**べからざる**行為だ。 '왕따'는 인간으로서 용서해서는 안 되는 행위이다.
～べくもない 도저히 ～할 수 없다, ～할 여지가 없다	こんな業績ではボーナスを望む**べくもない**。 지금 업적으로는 보너스를 바랄 수 없다.
～もかえりみず ～도 돌보지 않고, ～도 개의치 않고	下出さんは危険**もかえりみず**、被災者の救助にあたっている。 시모다 씨는 위험도 개의치 않고 이재민의 구조에 임하고 있다.
～もがな ～해서는 안 될	あいつはいつも言わず**もがな**のことを言って後悔する。 저 녀석은 항상 해서는 안 될 말을 하고 후회한다.
～もってのほか ～당치도 않다, ～은 말도 안 된다	他国を侵略するなんて、**もってのほか**だ。 남의 나라를 침략하다니 당치도 않다.
～を境に ～을 거쳐, ～을 분기점으로, ～을 계기로	コーヒー豆を変えたあの日**を境に**客層ががらりと変わった。 커피 원두를 바꾼 그 날을 계기로 손님층이 싹 바뀌었다.
～を潮に ～을 기회로, ～을 계기로 (나쁜 습관, 버릇)을 그만두다	今回健康診断の結果**を潮に**禁酒することにした。 이번 건강 진단 결과를 계기로 금주하기로 했다.
～んがために ～하기 위해서	食わ**んがために**生きるのではなく、生き**んがために**食うのです。 먹기 위해서 사는 게 아니라 살기 위해서 먹는 거예요.

경어 정리

◉ **특별 경어**

기본형	존경어	겸양어
行く 가다	いらっしゃる いらす おいでになる お越しになる	まいる 伺う
来る 오다	いらっしゃる いらす 見える おいでになる お見えになる お越しになる	まいる 伺う
いる 있다	いらっしゃる	おる
〜ている 〜하고 있다	〜ていらっしゃる	〜ておる
食べる 먹다 飲む 마시다	召し上がる	いただく
見る 보다	ご覧になる	拝見する
見せる 보여 주다		お目にかける ご覧に入れる
言う 말하다	おっしゃる	申す / 申し上げる
する 하다	なさる	致す
知っている 알고 있다 知らない 모른다	ご存じだ ご存じじゃない	存じておる / 存じ上げておる 存じない / 存じ上げない

思う 생각하다		<ruby>存<rt>ぞん</rt></ruby>じる
くれる 주다(남→나)	くださる	
あげる 주다(나→남)		<ruby>差<rt>さ</rt></ruby>し<ruby>上<rt>あ</rt></ruby>げる
もらう 받다		いただく / <ruby>頂戴<rt>ちょうだい</rt></ruby>する
<ruby>訪問<rt>ほうもん</rt></ruby>する 방문하다		<ruby>伺<rt>うかが</rt></ruby>う
聞く 묻다		<ruby>伺<rt>うかが</rt></ruby>う
聞く 듣다	<ruby>お耳<rt>みみ</rt></ruby>に<ruby>入<rt>はい</rt></ruby>る	<ruby>伺<rt>うかが</rt></ruby>う <ruby>拝聴<rt>はいちょう</rt></ruby>する / <ruby>承<rt>うけたまわ</rt></ruby>る
寝る 자다	<ruby>お休<rt>やす</rt></ruby>みになる	
会う 만나다		<ruby>お目<rt>め</rt></ruby>にかかる
借りる 빌리다		<ruby>拝借<rt>はいしゃく</rt></ruby>する
受ける 받다		<ruby>承<rt>うけたまわ</rt></ruby>る
分かる 알다, 이해하다		かしこまる / <ruby>承知<rt>しょうち</rt></ruby>する
〜です 〜이다	〜でいらっしゃる	
食べる 먹다, 飲む 마시다, 着る 입다, 乗る 타다, (年を)取る 나이를 먹다, (風邪を)引く 감기걸리다	<ruby>召<rt>め</rt></ruby>す	

☐ お(ご)〜(になって)ください 〜해 주십시오	注意事項をご覧になった上で、お申し込みください。 주의 사항을 보신 후에 신청해 주십시오.
☐ お(ご)〜くださる 〜해 주시다	お忙しい中、お集まりくださいましてありがとうございます。 바쁘신 중에 모여 주셔서 감사합니다
☐ お(ご)〜です 〜하시다, 〜이시다	社長は現場の方へおでかけです。 사장님은 현장에 나가셨습니다.
☐ お(ご)〜なれる 〜하실 수 있다	IDとパスワードをご入力いただければお使いになれます。 ID와 비밀번호를 입력하시면 사용하실 수 있습니다. 身分証明証をお持ちでない方はお入りになれません。 신분증을 지참하지 않으신 분은 들어가실 수 없습니다.
☐ お(ご)〜になる(なさる) 〜하시다	これについては部長がご説明なさいます。 이것에 대해서는 부장님이 설명하시겠습니다. この間お話しになった内容はしっかり書き留めておきました。 지난번에 이야기하신 내용은 확실하게 적어 두었습니다.
☐ お越しになる・おいでになる・見える 오시다(行く・来る의 존경어/見える는 来る의 존경어)	矢野さん、お客さんがお見えになりました。 야노 씨, 손님이 오셨습니다. 遠くまでお越しいただきまして、誠にありがとうございます。 멀리까지 와 주셔서 진심으로 감사드립니다. 近藤という方がおいでになりましたら、こちらに案内お願いします。 곤도라고 하는 분이 오시면 이쪽으로 안내 부탁드립니다.
☐ ご存じだ 알고 계시다(知っている의 존경어)	ご存じのはずだと思いますが、確認のためもう一度申し上げさせていただきます。 분명 알고 계실 거라 생각하지만 확인을 위해 한 번 더 말씀드리겠습니다.
☐ ご覧くださる 봐 주시다	ご迷惑でしょうが、これを少しご覧くださいませんか。 수고스러우시겠지만 이것 좀 봐 주시지 않겠습니까?

☐ ～(さ)せてくださいますか/ ～(さ)せてくださいませんか ～하게 해 주시겠습니까? (주시 지 않겠습니까?)	予約の日にちを変更させてくださいませんか。 예약 날짜를 변경하게 해 주실 수 없습니까?
☐ ～ていらっしゃる ～하고 계시다	転職を考えていらっしゃる方におすすめの本です。 이직을 생각하고 계신 분에게 추천하는 책입니다.
☐ ～でいらっしゃる ～이시다	教授はこの件についてもうご存じでいらっしゃいました。 교수님은 이 건에 대해서 이미 알고 계셨습니다.
☐ ～てくださいませんか ～해 주시지 않겠습니까?	ここでの写真撮影は遠慮してくださいませんか。 이곳에서의 사진 촬영은 삼가 주시지 않겠습니까?
☐ ～(ら)れる ～하시다	お疲れのようでしたら、少し休まれた方がいいと思います。 피곤하신 것 같으면 잠시 쉬시는 편이 좋겠다고 생각합니다.

● [겸양 표현]

☐ 承る 받다(受ける), 듣다(聞く)의 겸양어	内容によっては、返品・交換を承ることができない場合がございます。 내용에 따라서 반품, 교환을 받을 수 없는 경우가 있습니다.
☐ お(ご)～いただく/～いただける ～해 주시다/～해 줄 수 있다	本日もお招きいただきましてありがとうございます。 오늘도 초대해 주셔서 감사합니다. インターネットからもご回答いただけます。 인터넷으로 회신하실 수 있습니다.
☐ お(ご)～いただけないでしょうか ～해 주실 수 없겠습니까?	責任を持っていたしますので、お待ちいただけませんでしょうか。 책임감을 가지고 할 테니까 기다려 주실 수 없겠습니까?
☐ お(ご)～差し上げる ～해 드리다	戻りましたら、こちらからご連絡差し上げます。 돌아오시면 이쪽에서 연락 드리겠습니다.

☐ お(ご)〜する(いたす) 〜하다, 〜해 드리다	よろしければ、こちらでお預かりいたしましょうか。 괜찮으시면 이쪽에서 맡아 드릴까요?
☐ お(ご)〜できる 〜할 수 있다	プライバシーに関する内容にはお答えできません。 사생활에 관한 내용에는 대답할 수 없습니다.
☐ お(ご)〜願う 〜을 부탁드리다	室内でのおタバコはご遠慮願います。 실내에서 담배는 삼가 주시기를 부탁드립니다.
☐ お(ご)〜申し上げる 〜해 드리다	この度はご迷惑をおかけしましたことを深くお詫び申し上げます。 이번에 폐를 끼치게 된 것을 진심으로 사과드립니다.
☐ かしこまる/承知する 잘 알겠다/알고 있다	参加条件は承知しております。 참가 조건은 알고 있습니다. 予約の確認をお願いします。 / はい、かしこまりました。 예약 확인 부탁 드립니다. / 네, 알겠습니다.
☐ ご覧に入れる 보여 드리다(見せる의 겸양어)	明日、写真をご覧に入れます。 내일 사진을 보여 드리겠습니다.
☐ ご覧いただく 보시다	詳細はホームページをご覧いただくとお分かりになれると思います。 상세 내용은 홈페이지를 보시면 아실 수 있을 거라 생각합니다.
☐ 〜(さ)せていただきたいんですが 〜하게 해 주셨으면 좋겠습니다만	そこら辺はもう少し検討させていただきたいのですが。 그 부분은 조금 더 검토하게 해 주시면 좋겠습니다만.
☐ 〜(さ)せていただく 〜하게 해 주다	ご招待ありがとうございます。ぜひご一緒させていただきます。 초대 감사합니다. 꼭 같이 하겠습니다.
☐ 〜(さ)せていただけますか/ 〜(さ)せていただけませんか 〜하게 해 주실 수 있겠습니까?/ 〜하게 해 주실 수 없겠습니까?	今後の計画について聞かせていただけないでしょうか。 향후의 계획에 대해서 들려 주실 수 없겠습니까?

□ **存じる・存じ上げる**
알다(知る의 겸양어)

この件に関することでしたら、すでに存じ上げております。
이 건에 관한 일이라면 이미 알고 있습니다.

□ **頂戴する**
받다(もらう의 겸양어)

恐れ入りますが、お名前を頂戴できますでしょうか。
죄송하지만, 성함을 말씀해 주시겠습니까?

□ **〜ていただきたいんですが**
〜해 주시기를 바랍니다만

ぜひあなたの力を貸していただきたいと思っています。
꼭 당신의 힘을 빌려 주시면 좋겠다고 생각하고 있습니다.

□ **〜ていただけませんか**
〜해 주실 수 없겠습니까?

録音中なので、静かにしていただけませんか。
녹음 중이기 때문에 조용히 해 주실 수 없겠습니까?

□ **〜ておる/〜ておらず**
〜하고 있다/〜하고 있지 않아서

申し訳ありません。あいにく名刺を切らしておりまして…。
죄송합니다. 공교롭게도 명함이 떨어져서….

まだ息子の就職先が決まっておらず、心配です。
아직 아들의 일이 정해지지 않아서 걱정입니다.

□ **〜てまいる**
〜하고 오다

営業部の山田部長に確かにお届けしてまいりました。
영업부의 야마다 부장님에게 분명히 전하고 왔습니다.

□ **〜と存じます**
〜라고 생각합니다(思う의 겸양어)

お心のこもったお手紙、本当に嬉しく存じます。
정성스러운 편지, 정말 기쁘게 생각합니다.

●[정중 표현]

□ **〜ございます/〜ございません**
〜있습니다/〜없습니다

ご不明な点などがございましたらいつでもご連絡ください。
불명확한 점이 있으시면 언제든지 연락 주십시오.

□ **〜でござる**
〜이다

その件に関しましては、ただ今確認中でございます。
그 건에 관해서는 지금 확인 중입니다.

□ **〜てもよろしいでしょうか**
〜해도 괜찮겠습니까?

少々お時間いただいてもよろしいでしょうか。
잠시 시간을 빼앗아도 괜찮겠습니까?

색인

01 최우선순위 문형 1 001~015

체크 ▶ p.36

001	002	003	004	005
②	③	②	①	③
006	007	008	009	010
①	②	①	④	②
011	012	013	014	015
②	④	①	①	③

실전 연습 01 ▶ p.48

문제7	1	3	2	1	3	4	4	2	5	4
	6	3	7	2	8	1				
문제8	9	1	10	4	11	3	12	2		
	13	1	14	3	15	4	16	4		
문제9	17	2	18	3	19	3	20	4	21	2

02 최우선순위 문형 2 016~030

체크 ▶ p.52

016	017	018	019	020
②	①	②	②	①
021	022	023	024	025
②	④	②	②	①
026	027	028	029	030
①	④	②	①	②

실전 연습 02 ▶ p.64

문제7	1	1	2	4	3	1	4	4	5	2
	6	3	7	2	8	3				
문제8	9	2	10	3	11	3	12	3	13	1
	14	2	15	4	16	3				
문제9	17	1	18	4	19	2	20	2	21	1

03 최우선순위 문형 3 031~045

체크 ▶ p.68

031	032	033	034	035
②	①	①	③	②
036	037	038	039	040
①	②	④	①	②
041	042	043	044	045
②	①	②	②	①

실전 연습 03 ▶ p.80

문제7	1	2	2	1	3	3	4	3	5	4
	6	1	7	2	8	2				
문제8	9	4	10	4	11	4	12	4	13	3
	14	1	15	4	16	1				
문제9	17	2	18	3	19	1	20	2	21	1

04 필수 문형 1 046~060

체크 ▶ p.84

046	047	048	049	050
②	①	④	④	①
051	052	053	054	055
④	①	②	①	①
056	057	058	059	060
④	②	②	①	①

실전 연습 04 ▶ p.96

문제7	1 4	2 3	3 4	4 1	5 2
	6 2	7 1	8 3		
문제8	9 1	10 4	11 1	12 2	13 4
	14 1	15 2	16 4		
문제9	17 1	18 4	19 2	20 3	21 1

05 필수 문형 2 061~075

체크 ▶ p.100

061	062	063	064	065
④	①	②	④	②
066	067	068	069	070
①	②	③	①	①
071	072	073	074	075
①	②	①	②	③

실전 연습 05 ▶ p.112

문제7	1 3	2 4	3 2	4 1	5 1
	6 2	7 1	8 4		
문제8	9 3	10 1	11 4	12 4	13 1
	14 1	15 2	16 3		
문제9	17 3	18 1	19 1	20 2	21 2

06 필수 문형 3 076~090

체크 ▶ p.116

076	077	078	079	080
②	①	②	②	②
081	082	083	084	085
①	④	②	①	②
086	087	088	089	090
④	①	①	②	①

실전 연습 06 ▶ p.128

문제7	1 1	2 1	3 4	4 2	5 3
	6 4	7 3	8 2		
문제8	9 1	10 2	11 3	12 3	13 2
	14 2	15 3	16 3		
문제9	17 3	18 1	19 4	20 2	21 2

07 중요 문형 1 091~105

체크 ▶ p.132

091	092	093	094	095
③	①	②	④	②
096	097	098	099	100
②	①	①	②	③
101	102	103	104	105
①	②	④	②	①

실전 연습 07 ▶ p.144

문제7	1 2	2 1	3 4	4 4	5 2
	6 1	7 3	8 2		
문제8	9 4	10 1	11 3	12 3	13 2
	14 2	15 4	16 1		
문제9	17 2	18 1	19 1	20 1	21 2

08 중요 문형 2 106~120

체크 ▶ p.148

106	107	108	109	110
②	②	①	④	②
111	112	113	114	115
①	②	②	①	②
116	117	118	119	120
②	②	①	②	②

실전 연습 08 ▶ p.160

문제 7	1	3	2	3	3	1	4	2	5	2
	6	4	7	3	8	2				
문제 8	9	1	10	1	11	4	12	3	13	2
	14	3	15	2	16	1				
문제 9	17	1	18	1	19	3	20	3	21	2

09 중요 문형 3 121~135

체크 ▶ p.164

121	122	123	124	125
②	②	②	①	②
126	127	128	129	130
②	③	①	②	①
131	132	133	134	135
②	②	②	①	②

실전 연습 09 ▶ p.176

문제 7	1	2	2	1	3	4	4	4	5	3
	6	2	7	3	8	1				
문제 8	9	4	10	4	11	1	12	4	13	3
	14	4	15	1	16	2				
문제 9	17	4	18	2	19	3	20	1	21	1

10 중요 문형 4 136~150

체크 ▶ p.180

136	137	138	139	140
②	①	①	②	①
141	142	143	144	145
①	④	②	①	①
146	147	148	149	150
②	②	④	①	①

실전 연습 10 ▶ p.192

문제 7	1	3	2	1	3	2	4	3	5	1
	6	4	7	3	8	4				
문제 8	9	4	10	3	11	4	12	1	13	3
	14	4	15	4	16	4				
문제 9	17	4	18	2	19	1	20	3	21	2

실전 공략 모의고사 01 ~ 03 정답

모의고사 01 ▶ p.198

문제 5	1	2	2	4	3	1	4	2	5	4	6	2	7	3	8	1
	9	3	10	2												
문제 6	11	3	12	3	13	4	14	4	15	1						
문제 7	16	2	17	3	18	3	19	4	20	2						

모의고사 02 ▶ p.204

문제 5	1	2	2	3	3	2	4	4	5	3	6	2	7	1	8	4
	9	2	10	1												
문제 6	11	4	12	3	13	4	14	1	15	4						
문제 7	16	1	17	3	18	2	19	3	20	4						

모의고사 03 ▶ p.210

문제 5	1	2	2	1	3	3	4	2	5	3	6	1	7	3	8	4
	9	2	10	2												
문제 6	11	2	12	4	13	3	14	2	15	1						
문제 7	16	1	17	3	18	2	19	3	20	4						

Memo

모의고사 01

問題 7

	①	②	③	④
1	①	②	③	④
2	①	②	③	④
3	①	②	③	④
4	①	②	③	④
5	①	②	③	④
6	①	②	③	④
7	①	②	③	④
8	①	②	③	④
9	①	②	③	④
10	①	②	③	④

問題 8

	①	②	③	④
11	①	②	③	④
12	①	②	③	④
13	①	②	③	④
14	①	②	③	④
15	①	②	③	④

問題 9

	①	②	③	④
16	①	②	③	④
17	①	②	③	④
18	①	②	③	④
19	①	②	③	④
20	①	②	③	④

모의고사 02

問題 7

	①	②	③	④
1	①	②	③	④
2	①	②	③	④
3	①	②	③	④
4	①	②	③	④
5	①	②	③	④
6	①	②	③	④
7	①	②	③	④
8	①	②	③	④
9	①	②	③	④
10	①	②	③	④

問題 8

	①	②	③	④
11	①	②	③	④
12	①	②	③	④
13	①	②	③	④
14	①	②	③	④
15	①	②	③	④

問題 9

	①	②	③	④
16	①	②	③	④
17	①	②	③	④
18	①	②	③	④
19	①	②	③	④
20	①	②	③	④

모의고사 03

問題 7

	①	②	③	④
1	①	②	③	④
2	①	②	③	④
3	①	②	③	④
4	①	②	③	④
5	①	②	③	④
6	①	②	③	④
7	①	②	③	④
8	①	②	③	④
9	①	②	③	④
10	①	②	③	④

問題 8

	①	②	③	④
11	①	②	③	④
12	①	②	③	④
13	①	②	③	④
14	①	②	③	④
15	①	②	③	④

問題 9

	①	②	③	④
16	①	②	③	④
17	①	②	③	④
18	①	②	③	④
19	①	②	③	④
20	①	②	③	④

동양북스 채널에서 더 많은 도서
더 많은 이야기를 만나보세요!

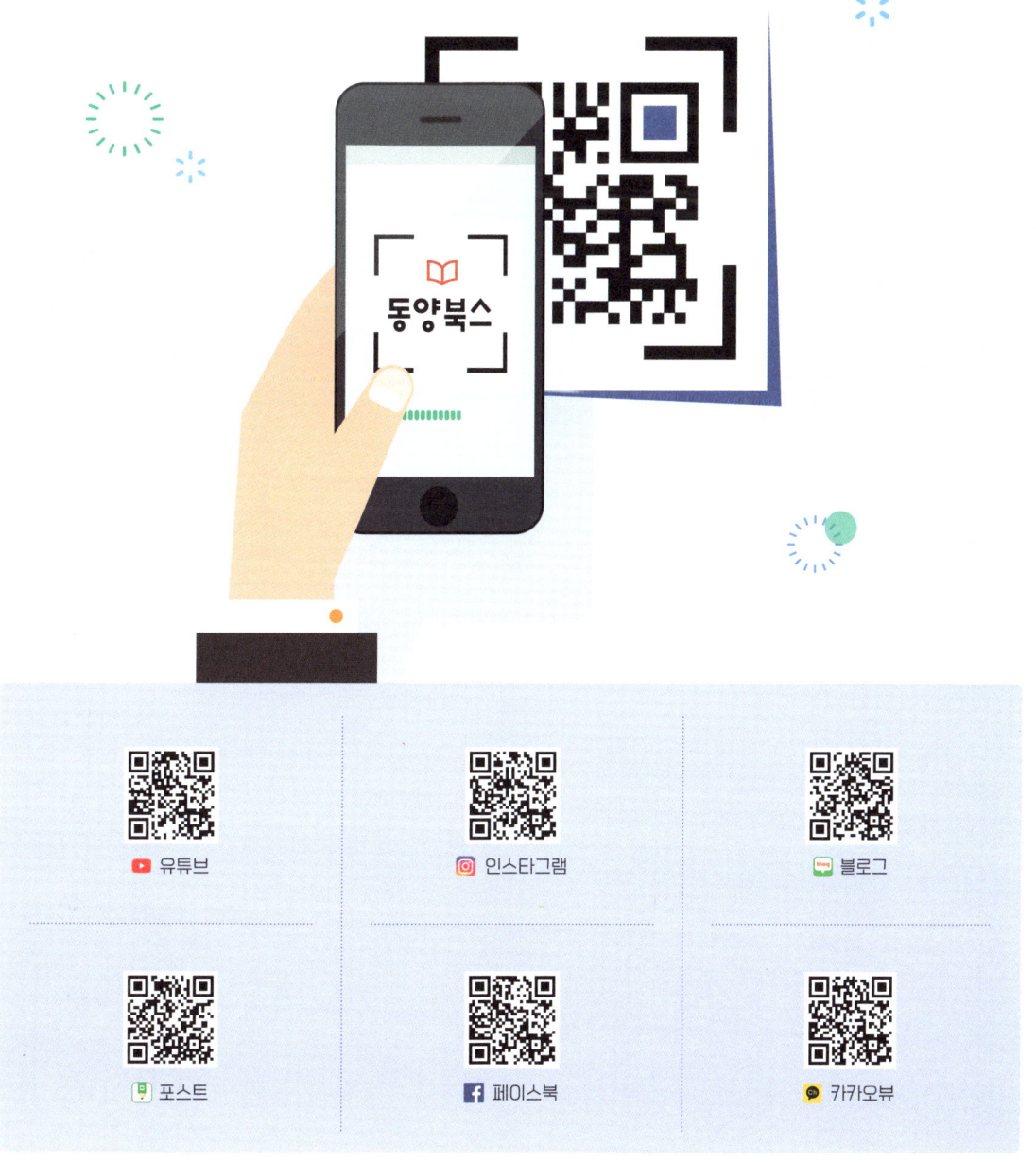

외국어 출판 45년의 신뢰
외국어 전문 출판 그룹
동양북스가 만드는 책은 다릅니다.

45년의 쉼 없는 노력과 도전으로 책 만들기에 최선을 다해온
동양북스는 오늘도 미래의 가치에 투자하고 있습니다.
대한민국의 내일을 생각하는 도전 정신과 믿음으로 최선을 다하겠습니다.

동양북스